UN HIVER DANS LE TARN

Joaquin Ruiz

UN HIVER DANS LE TARN

Jordi Gilabert, psychiatre, avait choisi de prendre sa retraite dans ce village du Tarn, au bord de l'Agoût, parce qu'il y était né, y avait vécu quinze ans, et que ses parents y étaient enterrés.

Wilhelm Kuntz, artiste peintre, l'avait choisi en quittant l'Allemagne parce qu'il avait pu y trouver un tisserand capable de lui fabriquer à la demande des toiles spéciales.

Rebecca Gautrand, vendeuse intérimaire, l'avait choisi pour se mettre à l'abri des tentations de la grande ville, des dealers et des psychopathes.

Le lieutenant Galinier de la Police Judiciaire, lui, ne l'avait pas choisi : il avait été désigné par son capitaine pour y mener une enquête sur un meurtre précédé d'actes de torture et de barbarie. Choisi parce que son père, policier célèbre, était né dans ce village.

Joaquin Ruiz, après avoir été professeur agrégé de philosophie au Lycée du Mirail, a exercé le métier de psychiatre et de psychothérapeute à Toulouse.

Il a publié précédemment « Dits et interdits », « Scopies », « Lecture de Spinoza » et « Un Nobel à Davos ».

Chapitre 1 : Gilabert / Vent

L'hiver était tombé sur le village pendant la nuit. Personne n'était au courant pour le moment. Sauf lui qui jetait un oeil par sa fenêtre tous les matins à quatre heures. Rien de spectaculaire cette fois-ci. Pas de couche de neige vierge, silencieuse, miraculeuse et cinématographique. Pas de chasse-neige fonçant dans les rues avec son gyrophare jaune hurlant, annonçant à tous les dormeurs que la guerre était déclarée et que les employés municipaux étaient sur le pont, aux premiers postes, éveillés et en action. Non. Il avait juste jeté un oeil au dehors et s'était dit tout haut : « Ce coup-ci c'est l'hiver ». Il l'avait senti immédiatement au bruit très spécial, assourdi et presque blanc qui ce matin-là avait enfin accepté de se répandre dans les rues et de se faufiler entre les maisons ; à la lumière dure et glaciale, tranchante comme un rasoir de barbier, d'un blanc presque transparent, qui, après avoir hésité pendant des semaines, s'était enfin décidée à braquer son projecteur vers les toits du village. L'hiver pouvait commencer.

Il s'installa sur sa chaise devant la fenêtre, alluma son briquet et fit chauffer lentement son premier cigare, le porta de la main droite vers sa bouche, et aspira délicatement la première dose de fumée, chaude et âcre, pas encore celle, ronde et voluptueuse, qui allait venir dans quelques minutes, mais la première, déjà enivrante. Il prit son bol de café de la main gauche, et commença à savourer ce mélange unique qui venait caresser l'intérieur de sa bouche. C'était un moment de solitude totale. Il était face à cette chose qui était arrivée sur le village pendant la nuit et que personne d'autre que lui n'avait encore découverte. Il était ravi d'être le premier à la regarder en face, alors que tous les autres lui annonçaient depuis des semaines sa venue imminente. Un peu comme s'il leur volait un plaisir précieux et rare qu'ils attendaient tous et qu'il s'accaparait pour lui tout seul. Comme une éclipse prévue depuis des semaines et que tout le monde rate au dernier moment parce que le réveil n'a pas sonné.

C'était son grand plaisir du petit matin : être le premier à vivre une nouvelle journée, et rencontrer ensuite les voisins pour leur dire qu'il était au courant depuis l'aube de ce qui était advenu pendant la nuit.

C'était un veilleur. D'autres que lui se réveillaient sûrement à la même heure, mais il était le seul à vivre dans ce lieu d'observation privilégié : la maison la plus haute du village. Il en était le veilleur. Le solitaire avec des horaires décalés qui lui permettaient d'observer ce que personne d'autre ne pouvait voir. Ses trois heures d'avance lui offraient tous les matins un monde vierge, insoupçonné par les autres, unique, et impossible à communiquer parce qu'évanescent, fragile, et se dissipant dès sept ou huit heures du matin, comme si l'agitation naissante de la ruche effaçait dans l'instant ce tableau éphémère de la fin de la nuit, pour ramener tout le monde à la plate banalité, les pieds sur terre .

Il n'avait connu cette jouissance de la fin de nuit qu'en montagne, quand il était le premier à quitter le refuge avant l'aube, avec sa frontale qui balayait les pierres du sentier ; ou en mer, quand il faisait le dernier quart de nuit à la barre du voilier, surveillant son étrave puissante qui ouvrait avec un chuintement déterminé la surface noire et brillante du dos de l'océan.

La solitude, il était venu là pour ça. Dans ce village où il était né : Jordi Gilabert.

Il avait acheté la maison haute et pointue, aux colombages rouges et aux balcons en bois, tout en haut du village, sur la route de La Raviège, coincée entre la forêt en haut et la route en bas. La maison dont personne ne voulait, parce qu'elle avait été construite par un Basque, chanteur d'opérette à Paris. Un fadorle quoi. Il fallait être fou pour construire une maison comme ça à cet endroit-là, au fond du Tarn ! Lui, le Catalan, elle lui avait plu tout de suite cette maison basque qui était la vigie du village. Il avait même gardé la plaque qui affichait fièrement son nom à côté de la porte d'entrée : « Etche Gorri », la maison rouge. Il n'aimait pas spécialement les Basques, mais ses ancêtres républicains catalans avaient toujours détesté Franco, eux aussi : c'étaient des rouges, aux deux bouts des Pyrénées.

Il n'était venu que pour ça : regarder, écouter, sentir, humer, goûter, déguster, savourer, se laisser traverser par les choses, ressentir le temps qui passe ou plutôt la durée des choses elle-même, dans son épaisseur propre. Il avait quitté la ville en prétextant qu'il était devenu trop vieux pour elle et qu'il partait prendre sa retraite dans un lieu plus tranquille. Mais en fait c'était l'inverse : il se sentait beaucoup trop jeune pour retarder encore ce désir de vivre vraiment, entravé jusqu'ici par les obligations sociales et professionnelles. Il s'était libéré de tout en fait, brusquement et définitivement, même s'il l'avait annoncé depuis des mois. Personne ne l'avait cru. Tous pensaient qu'il continuerait à avoir une activité professionnelle réduite, qu'il continuerait à voir des patients, à écrire des articles, à participer à des colloques, à s'inscrire à des congrès, à accepter des repas avec les confrères et les labos, à organiser des tables rondes dans les librairies, qu'il ne pourrait pas s'en empêcher.

Il l'avait clairement annoncé aux gens du village, dès qu'ils lui demandaient son ancien métier : il ne travaillerait plus. C'était fini. Il était venu pour faire tout autre chose. Son ancien métier, il ne le regrettait pas. Il pensait avoir été utile à beaucoup de monde. Mais il posait à présent une revendication simple : s'occuper enfin de lui, et ne plus se laisser bouffer par les problèmes des autres.

Il avait dès le début organisé ses rituels, quotidiens et hebdomadaires. Pour ne pas se désorganiser trop vite quand même. Il pensait que cette régularité était psychiquement très importante et qu'il fallait s'y tenir, sinon il risquait de devenir rapidement gâteux. Il s'imposait ainsi un certain nombre de contraintes. Lever quatre heures. Cigare et café devant la fenêtre pour observer le village, le temps, et prévoir la météo du jour. Ordinateur ensuite. Allumer, lire le courrier, répondre. Puis le manuscrit. Ouvrir, relire les pages de la veille, reprendre, corriger. Et enfin, ça pouvait commencer : la route était libre pour cette aventure d'une journée. Il ne savait jamais où l'écriture allait l'entraîner ce jour-là, et c'était précisément ce qui était le moteur : ne jamais pouvoir prévoir le matin vers où il allait être porté par l'activité propre de l'ordinateur. Il ne pouvait non plus estimer combien de temps il allait devoir accompagner ce clavier, frapper compulsivement, oublier l'heure, oublier d'aller faire les courses, de descendre manger. Ses seules pauses étaient déclenchées par l'envie d'aller pisser, ou de fumer un cigare, ou l'après-midi par l'envie de boire un verre de rouge. Et vers le soir, quand la lumière commençait à baisser et qu'il allumait sa lampe au-dessus de l'écran, il pouvait enfin réfléchir à ce qu'il avait écrit, ou plutôt à ce qui était en train de se passer et dont il faisait partie, comme acteur, ou comme figurant, ou comme simple élément du décor, parfois, il ne savait plus.

Quand il relisait en fin de journée, il était surpris, comme saisi par un texte étranger à lui-même, lui racontant une histoire qu'il découvrait avec étonnement. Il s'inquiétait du devenir des personnages, ne voyait pas comment ils allaient pouvoir s'en sortir sans lui, ni vers quelle fin il allait pouvoir les accompagner. Il vivait en fait avec eux, et eux avec lui, dans cette maison plantée au bord de la forêt au-dessus du village, et il se sentait obligé de leur venir en aide, ce qui était quand même un comble pour quelqu'un qui avait pris sa retraite afin de n'avoir plus à s'occuper des problèmes des autres.

Le matin vers onze heures, il descendait au village avec son sac à dos. Toujours le même trajet : journaux (*Libé* le jeudi, *Le Monde* le vendredi), cigares (*Epicures n° 2*) de chez « Hoyo de Monterrey » — que le buraliste faisait venir de Cuba via l'Andorre, spécialement pour lui — pain, légumes, jamais de fruits, viande ou poisson parfois, Super U le samedi pour le cubi de vin rouge. Il saluait tous les passants, comme on fait dans les villages. Il ne connaissait pas grand monde, sauf les anciens, mais tous, même les plus jeunes, savaient qu'il était né ici il y avait de ça soixante cinq ans, qu'il était parti à la grande ville, qu'il avait été toubib des fous là-bas, psychiatre, mais que maintenant, à la retraite, il ne voyait plus de patients : il se contentait de lire et d'écrire. Le buraliste lui avait dit qu'ils avaient vu sa biographie sur Internet et qu'ils étaient tous très fiers qu'il soit revenu vivre ici. Depuis que tout le monde était au courant, ça les avait tranquillisés.

Il avait été peinard pendant six mois : le temps de s'habituer au village, et le temps que le village s'habitue à lui. Les journées s'écoulaient paisiblement, les saisons aussi.

Jusqu'au jour où on avait frappé à sa porte à dix neuf heures.

Une jeune femme avec des locks jaune-marron filasse, le nez et les oreilles percés et munis d'une perle, un dragon vertical tatoué sur le côté gauche du cou, en pantalons kakis, plantée dans des Doc Martens énormes, essoufflée et effrayée. Elle le poussa presque vers l'intérieur en surveillant ses arrières, et s'effondra sur le sol en lui disant : « Désolée de faire irruption comme ça, mais c'est vraiment urgent. On m'a dit que vous étiez psy à la retraite, que vous avez travaillé avec les fous en prison. Je crois qu'ici il n'y a que vous qui puissiez m'aider. »

Il réussit à la faire asseoir sur un vieux fauteuil de cuir défoncé, enfin « asseoir » est un grand mot : elle s'était recroquevillée comme un petit oiseau effrayé, les genoux remontés au menton, les bras enserrant ses jambes, les cheveux devant les yeux. Elle avait quand même accepté le bol de thé brûlant qu'il lui avait tendu sans lui demander son avis, parce qu'il venait de le préparer pour lui. Elle lui avait d'abord demandé l'autorisation d'allumer une clope. Il en avait profité pour faire chauffer le bout d'un nouveau cigare, et ce n'est qu'à ce moment-là qu'elle avait pu commencer à lui parler.

« Vous êtes à la retraite, mais vous êtes toujours médecin, non ? Vous êtes toujours tenu au secret médical ? Est-ce que vous pouvez me garantir que vous n'irez pas répéter aux flics tout ce que je vais vous dire ? »

Il réussit à la rassurer partiellement en lui disant que l'on pouvait considérer qu'elle s'adressait à lui en tant que psychiatre à la retraite, et que donc tout ce qu'elle lui dirait dans ce cadre tombait effectivement sous le coup du secret médical, sauf si elle s'apprêtait à commettre un meurtre bien sûr...

La pièce, plongée maintenant dans l'obscurité, n'était éclairée que par les cercles rouges de la cigarette et du cigare. La fumée commençait à diffuser et à s'accumuler au-dessus de leurs têtes comme un couvercle souple et moelleux, un nuage protecteur de leur intimité.

Elle écrasa sa cigarette dans le cendrier, renifla un grand coup, puis se lança :

« Je suis vraiment désolée, je ne me suis même pas présentée, j'ai déboulé ici comme une folle, vous ne m'avez pas jetée et je vous en remercie. Je suis juste complètement paniquée, parce que je viens de me rendre compte que je me suis peut-être mise dans une merde noire.

Moi c'est Rebecca. J'ai vingt et un ans. Je n'ai pas une tune depuis que je me suis tirée de chez ma mère il y a deux ans, et je squatte chez les uns ou les autres. J'ai atterri dans ce village paumé il y a deux mois, pensant y passer l'hiver tranquille. Mon ancien copain toxico m'avait fichu dehors parce que je ne supportais plus ses chiens et ses meufs et que je lui prenais la tête. Un soir il m'a tabassée. Je suis partie. J'ai décidé d'éviter les grandes villes et leurs embrouilles, et de me retirer à la campagne pour trouver un job et un appart, et ne plus dépendre d'un mec. J'ai atterri ici. J'ai eu du bol : la boulangère cherchait une vendeuse pour trois jours par semaine, deux couples rencontrés au bistrot cherchaient un cinquième pour une colocation. Ça s'est bien combiné dès le début.

Et ça s'est passé impec pendant un mois. Je remplissais le frigo à mon tour, je faisais la cuisine et la vaisselle une fois sur cinq : la coloc idéale. Les deux couples faisaient leurs petites affaires la nuit, mais ça ne me gênait pas du tout. J'aime bien entendre les gens faire l'amour la nuit : ça me rassure et ça m'apaise avant de m'endormir ; j'ai l'impression que je m'endors blottie avec eux dans ce cocon douillet qu'ils ont réussi à tisser entre eux. Le vrai plaisir sexuel, ça apaise l'angoisse : ça doit réveiller des vieux trucs de l'enfance. Enfin, je dis ça, mais c'est vous le psy !

Donc j'ai été super contente pendant un mois. J'avais enfin trouvé la paix dans ce « village de ploucs », comme disent ceux qui se croient plus malins que les autres dans les grandes villes : un toit, un job, pas de mec pour m'emmerder. Début parfait.

Mais bien sûr ça ne pouvait pas durer : j'ai toujours été la reine des plans foireux et des scénarios catastrophe. Alors un soir ça m'est tombé dessus.

Depuis le début du repas je les sentais tous les quatre bizarres : ils se jetaient des regards par-dessus la table comme pour se demander qui allait se décider à me parler. Finalement c'est bien sûr le leader qui s'y est collé : Kevin, le beau gosse, grande gueule, baraqué, boxe thaï et compagnie.

« Rebecca, on te connaît depuis un mois, mais on a vu de suite que tu étais quelqu'un de fiable, que tu savais tenir ta langue et qu'on pouvait même te confier des secrets. On a deux choses à te dire. Une information d'abord

17

et une proposition ensuite. Si tu n'es pas d'accord pour la proposition, on te demandera simplement d'oublier l'information, et puis c'est tout. On n'en parlera plus. Ok ?

— Vas-y. Envoie.

— Voilà. On a un plan avec des potes pour envoyer des toiles de peintres vers l'Amérique latine. Ce qui intéresse le client là-bas, ce n'est pas le tableau pour l'accrocher au mur. Ça il s'en fout complètement à mon avis. L'important c'est la toile elle-même, le tissu si tu préfères, et pour ça il est prêt à payer très cher. Ça doit être un tissu très spécial, enfin c'est ce qu'on pense, mais nous on n'est au courant de rien, on est juste des transporteurs. Tu vois le truc ?

Ce ne sont pas des toiles célèbres volées. Tu n'as rien à craindre. Ce sont des toiles banales fabriquées par un peintre qui vit ici un peu en dehors du village, et pour lesquelles les douaniers te demanderont juste le pot-de-vin habituel à l'arrivée, sans plus. Mille euros maxi en liquide qu'on te confiera au départ avec le billet d'avion et que tu devras avoir sur toi, planqués dans ta banane. C'est sans risque pour toi. Nous, ce qu'on cherche, c'est quelqu'un d'insoupçonnable, sans antécédent judiciaire, qui pourrait convoyer ces toiles, pas tous les jours non plus, juste une fois par mois à peu près, pour ne pas éveiller les soupçons. Tu serais officiellement la représentante d'une galerie française qui accompagnerait la toile vers son réceptionnaire, une autre galerie en Amérique du Sud, tantôt à Caracas, tantôt à Bogota, tantôt à Buenos Aires. Au retour les Américains te confieront une autre toile, à livrer à Paris. Et puis c'est tout.

Tu fais le voyage en avion, nous on s'occupe de tout le reste, et puisqu'on est cinq on te donne au retour un cinquième du gain. C'est correct, non ? C'est même cadeau pour toi puisque tout le boulot en amont c'est nous qui l'avons fait ! Voilà. On va te laisser réfléchir deux ou trois jours, rien ne presse, et puis si tu n'es pas d'accord c'est pas grave, on n'en parle plus, tu n'en parles à personne, on te fait confiance. Tu vois qu'on est cool ! »

J'ai bien réfléchi. Je n'ai pas pu dormir de trois nuits. Et finalement j'ai dit oui. Pour l'argent. Et pour l'excitation du voyage avec cet objet mystérieux.

Tatiana, la copine de Kevin, m'a accompagnée chez le peintre pour faire les présentations. Il est installé à la sortie Sud du village, vers Belfort, dans une vieille ferme apparemment abandonnée, La Glevade, une bâtisse énorme, monstrueuse, haute comme un donjon, envahie de chats, sans chauffage, avec des peintures sur châssis entassées partout et pleines de toiles d'araignées. Quand nous sommes arrivées, Wilhelm était vautré dans son canapé en tissu troué. De loin on ne voyait que sa longue tignasse blanche. Tatiana a toqué du doigt contre le montant de la porte du salon. Il a tourné la tête vers nous, ouvert un oeil, s'est soulevé en grognant et s'est avancé en traînant ses savates et en soufflant comme un boeuf. J'ai vu un colosse boîteux, avec une longue barbe jaunâtre, un pantalon en velours côtelé marron, tirebouchonné sur ses chevilles et retenu à la taille par une corde tressée, un gilet alsacien noir brodé de jaune qui laisse déborder son ventre énorme, et une longue pipe éteinte, en écume, vissée au coin de ses lèvres. Il s'est approché de moi, précédé par l'odeur de vieille urine qui émane de son pantalon, s'est planté au-dessus de ma tête pour m'obliger à lever les yeux sur lui. Son regard m'a transpercé pendant trente secondes. Il a tourné les talons en reniflant, apparemment rassuré, puis est allé se rallonger sur son canapé en nous faisant signe de nous installer sur les deux fauteuils dépareillés qui lui faisaient face.

« C'est donc toi le convoyeur pour l'Amérique latine que Kevin m'avait annoncé. Merci d'avoir accepté. Mais il va falloir que tu changes un peu de look pour passer à la douane avec mes toiles. Tu enlèves les locks, tu fais sauter les piercings, tu ranges les Doc Martens, et tu oublies tes pantalons kaki pendants comme une barboteuse. N'oublie pas que tu es la représentante d'une galerie de peinture. Tatiana t'aidera à trouver un look adapté, sobre et passe-partout.

Tu prendras chaque toile en photo avant que je la roule, pour la garder bien en tête au cas où on te poserait des questions sur le style de peinture que tu transportes. Tu apprendras par coeur ma biographie officielle, ainsi que celle de chacun de mes acheteurs.

Au retour tu ramèneras à chaque fois une autre toile que te fournira la galerie américaine. Tu la déposeras à la galerie parisienne. Et puis c'est tout : échanges inter-culturels.

Pour les billets d'avion, l'argent liquide, puis, au retour ici, ton salaire, c'est Kevin qui te donnera tout ça. A toi de te débrouiller pour planquer ta paye et ne pas la dépenser tout de suite, pour ne pas alerter tout le village et le percepteur des impôts. Tu vois comment je vis ici ? Personne dans le village ne sait combien j'ai mis de côté en Suisse. Ils me prennent tous pour un clodo ! Moyennant quoi j'ai une paix royale ! »

Rebecca s'interrompit un instant et leva les yeux vers Gilabert, comme si elle attendait déjà une réaction de sa part.

« Ça ne me dit toujours pas pourquoi vous avez besoin de voir un psy en urgence ce soir.

— Le psy c'est juste pour moi. Parce que j'ai l'impression de devenir parano. Je sais ce que c'est. J'ai vu plusieurs copains à qui c'est arrivé avec le shit ou autres. Mais là je pense que c'est en train de m'arriver alors que je ne prends plus rien. Juste une bière ou deux de temps en temps. Qu'ils m'aient proposé d'entrée au bout d'un mois un job aussi juteux, ça me paraît complètement fou. C'est pas normal. J'ai l'impression qu'ils m'ont piégée dès qu'ils m'ont vue débarquer dans ce village, qu'ils ont sauté sur la bonne poire, qu'ils m'ont amenée en douceur à faire un truc grave, à prendre des risques pour leur rapporter beaucoup de fric éventuellement, si je ne me faisais pas prendre. En même temps je n'en suis pas sûre, ça vient peut-être juste de moi. Alors pour savoir, j'ai besoin que vous m'aidiez. Toute seule je n'y arrive pas, et j'ai peur de péter un câble. Il faut que vous me disiez si je suis vraiment en danger ou si je suis juste foldingue.

— Je veux bien essayer de clarifier certaines choses avec vous, Rebecca. Mais je ne serai pas votre psy, juste un voisin, Jordi Gilabert, qui vous écoute et vous conseille. Ma parole n'aura pas valeur de vérité scientifique. Je vous dirai simplement l'impression que j'ai. Vous, de votre côté, vous essaierez de me tenir au courant au jour le jour, et de me dire tout ce que vous avez observé. Je m'engage à ne pas le répéter. D'ailleurs je ne parle que de la pluie et du beau temps avec les gens d'ici. On est d'accord ?

— D'accord. Quand est-ce que je peux revenir ?

— Si vous le souhaitez je vous attendrai tous les soirs à dix neuf heures. Ne venez pas directement par la route, faites le tour par le petit chemin qui longe le ruisseau, et entrez sans frapper par le jardin. Si vous ne passez pas un soir j'en déduirai que vous n'aviez rien de nouveau à me dire. Par contre si on vous empêchait un jour de venir me voir ou si vous vous sentiez suivie ou menacée, tentez de me mettre juste un bout de papier journal plié dans la boîte aux lettres. Je comprendrai qu'il se passe quelque chose d'inquiétant et j'essaierai d'aviser. Ne me téléphonez jamais. N'écrivez rien dans un journal intime ou un agenda. Ne laissez aucune trace de nos entretiens. »

Elle se releva, à la fois rassurée par cette promesse, et inquiète à cause des conditions posées qui lui confirmaient la possibilité d'une réelle menace. Il la fit sortir par la porte de derrière, le jardin, puis la porte en fer donnant sur le chemin et le ruisseau : la « Carriérasse ». Il était vingt heures. Le brouillard était tombé sur la forêt au-dessus de la maison, et commençait à couler sur la route en direction du village. On distinguait le grondement lointain, sourd et doux de la rivière, en contrebas, seul signe de vie nocturne. Le village était désert à cette heure-ci. Tous à table ou devant la télé. Elle serait vite rentrée chez ses colocataires : dix minutes pour traverser le village et prendre la route de l'Ouest vers Guzanes.

Il referma la porte du chemin qui protesta violemment en faisant hurler ses gonds rouillés. Il faudrait les graisser demain. Il fit le tour des volets, mais avant de tout fermer pour la nuit il alla se servir un verre de rouge, s'installa sur le banc devant la porte d'entrée, alluma un nouveau cigare, et, croisant ses jambes, se mit à se parler intérieurement : « Qui l'eût dit ? Un si gentil petit village ! Des jeunes pauvres de la ville venus se réfugier ici à cause des loyers, d'accord. Un peintre isolé et clochardisé, d'accord. Mais un trafic de toiles entre Paris, l'Amérique latine et ici, là j'ai des doutes. Au début, je vais juste la laisser parler et ne pas me faire une opinion trop vite. Je vais laisser tous les possibles ouverts, en particulier le fait qu'elle soit vraiment parano, avec ou sans shit. »

Il laissa le brouillard s'épaissir, l'odeur mouillée du compost de feuilles de chênes pénétra peu à peu ses narines et ses vêtements. La chatte sortit de derrière le bûcher où elle était allée traquer son campagnol préféré, et vint se frotter contre ses jambes en démarrant le turbo : c'était le signal. Il était temps de rentrer, d'allumer le gaz et de se mettre à table devant la cheminée. Il prit quelques bûches sous le bras, les rangea sur le côté de l'âtre et redisposa les braises. La soirée allait pouvoir commencer. La chatte connaissait bien chaque étape, et les anticipait de quelques secondes : repas, vaisselle, télé ou radio, bibliothèque, bureau, ordi, dernier cigare à la fenêtre de la chambre et dodo. S'il s'avisait de sauter une étape, elle le rappelait à l'ordre d'un regard inquiet et interrogateur ou même, s'il tardait trop, d'un miaulement désapprobateur. Si tout s'était passé comme prévu elle venait se coucher en rond au pied de la couette en l'observant du coin de l'oeil pendant qu'à l'autre bout il lisait encore quelques pages d'un polar, et que son souffle devenait peu à peu calme et régulier. Dès qu'il avait atteint l'apaisement et que la chatte, de son côté, roulée en foetus, le nez enfoui dans sa fourrure, était partie pour son voyage solitaire de la nuit, il éteignait sans bruit et pouvait commencer à son tour à laisser divaguer son cerveau.

C'était la nuit, ou plutôt à certaines heures de la nuit, celles qu'il appelait « les heures creuses », que surgissaient ses idées les plus inattendues, les plus folles ou les plus déterminantes, en tout cas celles qui avaient infléchi le cours de sa vie ou le cours de ses romans. Il espérait que ça allait marcher aussi pour cette nouvelle « affaire » qui lui tombait dessus. D'ici le lendemain dix neuf heures, il allait essayer de penser à autre chose, et de laisser son esprit disponible à toute hypothèse qui pourrait faire irruption.

Il se leva à quatre heures comme d'habitude. La chatte avait anticipé d'une seule minute. Elle se mit dans ses pieds dès qu'il fut debout, essaya de le faire tomber et, n'y parvenant pas, lui mordilla quand même le gros orteil par acquit de conscience. Il ne protesta même pas : c'était tellement ritualisé qu'il n'avait pas le choix. Pas plus que de changer quelque chose au menu qu'il lui proposait à quatre heures dans sa gamelle : riz blanc et jambon d'York, qu'elle séparait soigneusement en deux zones, la couche comestible rose d'une part, et de l'autre le support blanc, à conserver pour la prochaine fois. C'était entendu entre eux.

Ceci fait, il pouvait vaquer à ses occupations.

Il marmonnait toujours quelques ébauches de phrases dans sa barbe, tout en faisant ses gestes répétitifs du matin. Vider le vieux marc de café en le tapant contre la poubelle, remplir avec du café moulu, vérifier le niveau d'eau du réservoir, faire chauffer la machine, mettre le bol, déclencher le moteur, sucrer, éteindre. Après il avait le choix. Selon la météo, soit il s'asseyait dans la cuisine face à la fenêtre en regardant la pluie tomber, soit il s'installait dehors, sur le banc en teck devant la porte, face à l'Est, là où la lueur blanche du soleil allait surgir sur la crête. Il savourait son Arabica, puis allait se tailler quelques rondelles de saucisse de Lacaune ou une tranche du jambon sec et déjà noir qui le surveillait, pendu aux poutres de la cuisine. C'est à ce moment-là qu'il vérifiait la miche de pain et qu'il décidait si elle pouvait tenir vingt-quatre heures de plus.

Ensuite il enfilait son blouson, nouait son écharpe, coiffait son chapeau, prenait sa canne et son sac à dos avec la gourde et le couteau, et sortait de la maison pour remonter la route de La Raviège vers le Sud-Est. C'était sa route, celle qui l'éloignait du village en serpentant vers le haut le long des méandres de l'Agoût. Le grondement sourd de la rivière, montant à travers les nappes de brouillard, l'accompagnait avec une constance maternelle, celle qui avait bercé toute son enfance. Il ne pouvait l'attribuer qu'à une certaine bienveillance, celle que seul quelqu'un né ici pouvait espérer obtenir d'elle.

Après trois lacets, il voyait apparaître au-dessus du brouillard les ruines du château de « Sarrasí », dominant la rive gauche des gorges et surveillant les allées et venues entre le Tarn et l'Hérault, témoin muet des guerres entre les occitans et les maures, planté sur un rocher gigantesque au-dessus d'un défilé de la rivière, juste en amont du village.

En octobre il en profitait pour remplir son sac de châtaignes : il suffisait de suivre le bord de la route et d'écraser du pied toutes les bogues qui étaient tombées pendant la nuit. Elles surgissaient de leur oeuf sphérique hérissé de piquants bruns, espiègles comme des bijoux grassouillets et luisants coiffés de leur plumet blanc. Il en ferait de la purée ou de la soupe, et en garderait quelques unes à faire griller sur la poêle trouée, juste pour le dessert.

La chatte bondissait chaque fois qu'une d'entre elles explosait sur le feu, puis refermait les yeux, accablée.

Il faisait ainsi cinq kilomètres sur cette route déserte, et avant d'arriver à la première maison du hameau voisin, il prenait le petit chemin montant sur la gauche. Rochers de granit d'abord, puis conifères accrochés à la pente, et enfin il s'enfonçait sous le toit de chênes, marchant prudemment sur le tapis de feuilles imbibées de la rosée de la nuit et du brouillard du matin. Le jardin secret des cèpes commençait là. Il le sentait tout de suite à cette odeur unique qui le saisissait dès qu'il avait franchi la porte des chênes, et il les repérait tous très vite, même ceux qui, blottis sous le compost, se croyaient invisibles. Il soulevait délicatement leur couvre-chef de feuilles, et, avec son vieil Opinel courbe, coupait tendrement leur pied blanc d'un léger mouvement rotatif du poignet, en prenant soin de laisser les « racines » en terre pour le coup d'après. Purée de châtaignes et poêlée de cèpes à l'ail et au persil, ce serait le menu du jour, pour lui en tout cas, parce que la chatte regarderait bien sûr tout ça en fronçant le nez avec un certain mépris et même un franc dégoût.

Il attendit le soir en essayant de ne pas penser à sa visiteuse. Comme il n'avait pas poussé ce matin-là jusqu'à la boulangerie, il ne l'avait même pas entraperçue et ne savait pas si elle avait travaillé. Il graissa soigneusement les gonds de la porte métallique au fond du jardin, et profita d'un arrêt imprévu de la pluie en fin d'après-midi pour s'installer sur le banc après avoir posé son journal sur la table en teck et allumé son cigare. De cette place privilégiée devant la maison il voyait au-delà du parapet de la terrasse la trouée de la rivière à sa sortie des gorges et son élargissement après le dernier virage, au moment où elle venait lécher les contreforts massifs des deux châteaux puis se faufilait sous les arches des deux ponts, plantés par ordre chronologique, le vieux en amont, deux arches qui avaient résisté à toutes les crues depuis le XII° siècle, le neuf en aval, trois arches, qu'il avait déjà fallu reconstruire. Il distinguait à travers les longues branches verticales des hêtres l'ensemble du village sagement disposé, à droite la partie Castelnau, à gauche la partie Belfortès, l'église à droite, le temple à gauche, et les deux donjons des châteaux rivaux ancrés les pieds dans l'eau pour défendre leur rive, et se surveillant ombrageusement par-dessus la rivière depuis des siècles.

La légère rumeur qui s'élevait du village aux heures précédant les repas commençait à s'atténuer. Les moteurs et les klaxons se faisaient rares, les fumées s'échappant des cheminées commençaient à se mêler aux rubans de brume qui ondulaient à la surface de l'eau. Les fenêtres s'éclairaient, les portes se fermaient, les écrans bleutés des postes de télé commençaient à clignoter dans le noir, annonçant le début de la veillée nationale.

Il avait fumé le premier tiers de son cigare quand il entendit le grincement ténu de la porte du jardin. Elle était venue, pile à l'heure et sans bruit. Ça s'annonçait plutôt bien. Il la fit entrer dans le noir, elle se remit instinctivement dans son fauteuil, recroquevillée dans sa position foetale favorite, alluma sa cigarette. Il alla lui chercher une bière dans le frigo sans même lui demander si elle ne préférait pas le vin rouge comme lui : il savait qu'à cet âge c'était bière, et avait acheté un pack de Heineken exprès pour elle.

« Depuis que Tatiana m'a présentée à Wilhelm Kuntz, il me semble que mes colocs sont rassurés. Il n'y a plus ces regards bizarres entre eux, qui m'évitaient et auxquels je ne participais pas. Par contre, j'ai senti un vrai malaise quand j'ai demandé naïvement comment ils faisaient avant que j'arrive pour convoyer les toiles. Ils ont un peu hésité et bafouillé, puis m'ont dit finalement que ce commerce n'avait pas encore commencé et que j'allais inaugurer le concept. J'ai eu l'impression en fait que c'était l'une ou l'un d'entre eux qui se dévouait jusqu'alors, mais qu'ils ne voulaient plus prendre ce risque à cause de leurs antécédents. Sûr que si je me faisais coincer à la douane ils diraient qu'ils n'étaient au courant de rien, et que c'était une histoire entre Wilhelm et moi. Vous en pensez quoi ?

— C'est possible en effet. Vous essaierez de demander à Wilhelm comment il faisait avant votre arrivée pour expédier ses toiles. Mais soyez très fine parce que ça m'a l'air d'un vieux rusé. Ne lui mettez pas la puce à l'oreille. »

Ils restèrent un long moment silencieux, assis dans le noir. On n'entendait que leurs aspirations et leurs expirations de fumée de temps à autre, qui accompagnaient leurs pensées.

« Je peux vous parler de mon enfance ? hasarda-t-elle timidement.

— Vous n'y êtes pas obligée.

— Il me semble quand même que ça vous aiderait à me dire si je suis vraiment foldingue.

— Alors allez-y, si vous pensez que ce sera utile.

— Je m'appelle Rebecca Gautrand. J'ai gardé le nom de mon père même si je ne le vois plus depuis bien longtemps. Aux dernières nouvelles il habiterait Albi. Ma mère est antiquaire à Castres. Elle s'appelle Colette Jarland. Jarland c'est le nom de son père, qu'elle a repris. Le nom de jeune fille de ma grand-mère Bernadette, c'est Ramade, ex Jarland, ex Cauquil .»

Ce nom de Ramade lui bloqua le souffle. Son coeur marqua une pause, hésita pendant trois secondes, puis repartit à cent vingt. Mentalement il ajusta les probables années de naissance de Rebecca (1994 ?), de sa mère Colette (1972 ?) et... de sa grand-mère Bernadette (1948 ?)... C'était énorme comme coïncidence pour lui, mais ça pouvait coller. Elle pouvait être la petite fille de « sa » Bernadette Ramade du Collège ! Et instinctivement, comme un papillon de nuit, elle était venue jusqu'à lui juste parce qu'on lui avait dit qu'il était psy. Comme quoi, le trans-générationnel ça marche bien dans les inconscients !

Un afflux de souvenirs des années Collège le suffoqua brusquement, au point qu'il dut poser son cigare loin de lui pour ne pas étouffer.

Il réussit à se reprendre, à inspirer un grand coup, à surtout ne rien lui dire et à ne lui poser aucune question sur ces trois générations de femmes dont il se sentait brusquement proche et comme familier. En même temps Rebecca n'était plus simplement la petite chose perdue et effarouchée qui était entrée ici le premier soir de l'hiver. Elle était devenue en une seule phrase une gosse de sa « famille » et il se sentait piégé par ce rôle de grand-père virtuel qu'elle lui avait jeté dessus sans le savoir. Heureusement, il lui avait déjà dit de ne pas le considérer comme son psy, mais plutôt comme simple voisin. Pas si simple que ça donc. Pour lui en tout cas, tant qu'elle ne savait rien. De psy à papy il y a peu.

Il allait donc essayer d'écouter ses souvenirs d'enfance en s'efforçant de faire abstraction du fait qu'il avait été « amoureux » de sa grand-mère (pour autant que l'on peut l'être à cet âge-là) pendant quatre ans, de 1959 à 1963. Jamais il n'avait été confronté à un tel défi. Les gardiens de la loi psychanalytique devaient déjà entrer en transe pour peu que la nouvelle leur parvienne. En plus il entamait une relation qu'il avait posée comme non-thérapeutique mais de simple conseil entre voisins, alors qu'elle savait pertinemment qu'il était psy et qu'elle s'était assurée qu'il ne pouvait rien répéter de ce qui se dirait ici, chez lui en plus, en secret et dans le noir. Autant de raisons d'excommunication. Ni les freudiens ni les lacaniens n'allaient laisser passer ça. Il allait avoir droit à des bordées d'injures sur Facebook et Linkedin et à des dézingages concertés sur Google.

C'était un défi inédit : arriver à comprendre quelque chose d'objectif chez cette jeune fille qui officiellement était une inconnue, et qu'il savait en fait être un électron très proche de lui émotionnellement.

« Je suis née à Castres en 1994. Ma mère, Colette Jarland, tenait déjà une petite brocante qui peu à peu a prospéré et est devenue en fait un magasin d'antiquités assez connu. Mon père Christian Gautrand officiellement battait la campagne pour repérer et acheter à bas prix chez les ploucs des objets de valeur ignorés jusqu'ici. En fait il allait de village en village boire des coups chez l'habitant et dans les bistrots, et ne ramenait que des rognes. Puis il a rencontré plusieurs veuves jeunes et riches dont il est devenu le chevalier servant. Et il s'est absenté de plus en plus, le jour d'abord, la nuit ensuite. Ma mère en a eu marre et l'a jeté. J'avais six ans à l'époque mais elle m'a tout expliqué, du moins tout ce que je pouvais entendre. Je ne l'ai jamais revu. Il n'a jamais essayé de me revoir. Elle a détruit toutes ses photos. Tout ce qui me reste de lui c'est son nom : Gautrand. Mais c'est un nom fréquent dans le Tarn.

Dans la famille je crois qu'il y a une malédiction sur les femmes. Ma grand-mère Bernadette c'est un peu pareil. A quinze ans elle était amoureuse d'un garçon de son Collège, timide, qui est parti à Toulouse après le Brevet poursuivre ses études. Elle ne l'a jamais revu, s'est fait une raison, et s'est mariée à dix neuf ans avec un gendarme solide et sympa, basé dans son village, qui s'appelait Cauquil. Ils ont fait un petit garçon en 1968. Et là elle s'est mise à s'ennuyer ferme puis à déprimer grave entre le bébé, les couches, la belle-mère, la gendarmerie et les femmes des gendarmes.

Un jour un inconnu l'a croisée dans la grand-rue, lui a dit qu'il s'appelait Yannick Jarland et qu'il était collectionneur et vendeur d'objets d'art. Il lui a demandé si elle connaissait des gens susceptibles de vendre. En une demi-heure elle avait accepté de l'accompagner en voiture chez les vendeurs potentiels qu'elle connaissait. Faut dire que c'était un canon le gars ! Vous le verriez sur les photos ! Elle les a toutes gardées ! Maillot de bain moulant, pectoraux, lunettes de soleil, décapotable rouge, la classe. Le brave gendarme n'a pas fait le poids.

Le scandale dans le village ! La belle-mère — une vraie furie, catholique tendance fasciste — a exigé qu'elle quitte la maison aussi sec en laissant tout, y compris le gamin. Bernadette n'a pas hésité, pas résisté une seconde, au contraire, elle a sauté sur l'occasion : elle a suivi son beau gosse et ils se sont installés chez lui à Castres, dans la brocante. Je crois qu'elle a été hyper-heureuse pendant plusieurs années. Elle laissait entendre à demi-mot qu'elle avait découvert avec lui quelque chose d'unique, que peu de femmes ont la chance d'avoir connu : l'extase, la vraie, pas celle de Bernadette Soubirous ! Pas très politiquement correct donc pour le Tarn de l'époque. Elle n'a jamais regretté d'avoir abandonné son fils. Il ressemblait trop à son père. C'était un enfant pour la belle-mère, alors elle le lui a laissé. Elle ne l'a jamais revu. Les Cauquil lui ont raconté qu'elle était morte, et ça s'est arrêté là. Alors qu'elle était juste partie à vingt-quatre kilomètres. Vous voyez le truc de fou !

Ma mère, Colette, est née en 1972.

Mon grand-père Yannick est tombé malade en 1988 : trop de tabac, trop d'alcool, cancer du larynx, opération, rayons, métastases, chimio, kaput.

Ma grand-mère s'est finalement installée dans cette vie de jeune veuve (quarante ans) et bizarrement elle a demandé à reprendre son nom de jeune fille, Ramade, après avoir essayé Cauquil et Jarland : ça ne se faisait pas à l'époque. Elle était belle, pleine de vie, le regard coquin. Elle a eu tous les amants qu'elle a voulus, et elle ne s'est surtout jamais remariée. Les ragots de la bonne ville de Castres la faisaient rigoler. Elle n'avait de comptes à rendre à personne. C'était quelqu'un ma grand-mère ! C'est toujours quelqu'un !

Ma mère à côté était un peu gourde : elle s'est toujours faite avoir par les mecs, et même après qu'ils lui aient fait les pires crasses, elle était toujours là à se traîner à leurs pieds en larmes, pour qu'ils reviennent. Je ne la supporte pas. Elle me fait honte. Le soir où elle m'a virée de Castres, ça m'a libérée en fait. Je suis partie à Toulouse, j'ai rencontré des potes, j'ai squatté à droite et à gauche, et bien sûr je suis tombée raide dingue d'un latino-toxico magnifique qui dansait la salsa comme un diable et qui m'a endormie avec son discours hypnotique : Diego.

La suite vous connaissez : sa dope, ses magouilles, ses chiens, ses meufs, ses pétages de plombs.

Vous voyez que les femmes dans la famille, on est un peu spéciales. Mais je crois que celle qui s'en est le mieux tirée c'est ma grand-mère : j'espère que je vais moi aussi arriver à m'en sortir. Si vous la rencontriez vous seriez impressionné : elle a une de ces frites ! »

Il avait écouté tout ce récit en faisant semblant de ne pas en être affecté. La fin surtout : Bernadette était donc en vie, et bien vivante, et bonne vivante ! Il bouillonnait de joie et d'excitation ! Cinquante deux ans après !

Il eut du mal à n'en laisser rien paraître.

« Vous voyez, j'ai eu une grand-mère forte, une mère faible et toujours à la merci des hommes. Alors je me suis dit que ça devait sauter une génération, et que je devais développer la force de ma grand-mère : pour affronter les pressions de la famille, de la religion, de la société, et les regards désapprobateurs des voisins.

Pour l'instant je crois avoir pas mal réussi, mais le prix à payer a été fort : j'ai quitté l'école, j'ai quitté ma mère, j'ai quitté mon mec, et je galère pas mal avec l'argent. Mais je me suis toujours débrouillée toute seule : je n'ai pas droit au RSA et personne ne me fait de cadeaux, surtout pas la société. Alors quand je vais voir ma grand-mère, je suis assez fière de moi ; elle aussi, et elle me le fait sentir, même si elle s'inquiète pour ma santé. Elle me bourre le sac à dos de conserves et de charcutailles à chaque fois, après m'avoir obligée à manger un repas pantagruélique comme on en fait encore dans le Tarn. Mais je vais la voir surtout pour rigoler avec elle et voir enfin une femme libre et forte. »

Elle se tut, le regard rêveur, comme si la grand-mère Ramade était désormais présente dans la pièce. C'est bien l'impression qu'il avait lui aussi.

« Au fait, sur la question que je vous avais posée au début (suis-je parano ?) vous vous êtes déjà fait une idée ?

— Rien qui ressemble à de la paranoïa pour le moment. Nous verrons en continuant les jours prochains. »

Il se leva et la raccompagna jusqu'au fond du jardin, referma la porte en fer et revint allumer la suspension en céramique grenat de la cuisine, qu'il était allé acheter spécialement à Boissezon : « Terre d'Hautaniboul ». Il avait failli lui demander lui aussi machinalement si elle avait de quoi manger ce soir ! Décidément il fallait qu'il se contrôle sur tout avec cette étrange interlocutrice, et qu'il s'en tienne à sa ligne d'observateur et de conseiller neutre. Facile à dire !

La chatte, elle, s'était déjà habituée à la visiteuse du soir, et dès qu'elle arrivait, après s'être un peu frottée érotiquement et rituellement à ses jambes, puis avoir tenté de mordre sans succès ses Doc Martens, elle allait immanquablement s'enrouler sur son coussin à droite de l'âtre, le nez à dix centimètres des premières braises. Elle attendait patiemment que la conversation s'arrête et que Rebecca soit partie pour commencer à s'inquiéter du repas du soir.

Il s'apprêtait à suspendre l'oule de la soupe dans la cheminée quand le téléphone fixe sonna :

« Docteur Gilabert ? Bonsoir cher confrère, je ne vous dérange pas au moins ? Je suis le Généraliste du village, Henri Cabrol. Nous ne nous sommes jamais rencontrés, mais on m'a dit que vous étiez psychiatre à Toulouse avant de prendre votre retraite. Je pense d'ailleurs que mon arrière-grand-père était votre médecin traitant ici dans les années cinquante : j'ai encore un dossier à votre nom dans mes archives. Vous voyez que chez nous ça ne sort pas de la famille. On tombe tout petit dans la marmite !

Je vous appelle en fait pour prendre conseil auprès d'un spécialiste. Voilà, j'ai une jeune patiente de vingt et un ans que je connais peu parce qu'elle est arrivée récemment sur la commune. Elle me montre une ordonnance de son ancien médecin de Toulouse, avec une prescription de Subutex 8 mg/j à renouveler tous les 15 jours. Elle me dit qu'elle a réussi à arrêter l'héroïne grâce à ça, et qu'elle est en train de diminuer. Bien, je lui ai dit que je verrai ça avec son ancien généraliste. Par contre elle me dit aussi qu'elle boit de plus en plus de bière, jamais d'alcool fort, mais qu'elle voudrait aussi arrêter. Et là elle me parle du Baclofène ! J'ai regardé : il faut vraiment en mettre de fortes doses pour que ce soit efficace. Ça ne me plaît pas trop. Et est-ce que c'est compatible avec le Subutex ? Qu'est-ce qu'on risque ? Avez-vous déjà associé ces deux molécules ?

— Oui, c'est jouable, je l'ai déjà fait à plusieurs reprises. Mais essayez quand même de diminuer progressivement le Subutex avant d'introduire le Baclofène. Et surtout commencez le second à très faible dose, en augmentant très progressivement tous les trois jours, de 10 mg en 10 mg, jusqu'à atteindre la dose efficace : entre 80 et 160 mg/j. Et n'hésitez pas à me rappeler si vous avez un doute.

— Super. Merci beaucoup. Il faut absolument que nous mangions ensemble un soir, cher confrère, mais comme vous vous en doutez, ici à la campagne, mes journées de travail se prolongent souvent tard, alors pour moi, le repas du soir est la plupart du temps aléatoire. Donc, dès que l'épidémie de gastro et de grippe sera calmée, on essaiera de faire ça : j'ai peu de conversations intéressantes ici, je suis un peu en pénitence depuis ma sortie de la Fac, et je suis vraiment en manque !

Alors encore merci encore pour votre avis éclairé, bonne soirée et à bientôt. »

Il reposa le combiné et se remit à préparer le repas de la chatte avec un petit sourire : le monde est décidément bien petit ! A tous les coups c'est Rebecca, la petite jeune en demande de Baclofène. Petite cachotière : elle lui avait dit que son ex était toxico, mais elle s'était bien gardée de lui dire qu'elle avait touché elle aussi à l'héroïne et qu'elle était sous Subutex !

Il allait bien sûr attendre qu'elle lui en parle. Mais le portrait commençait à se préciser : une ex petite junkie venue se mettre au vert loin de Toulouse, Castres ou Albi, pour s'éloigner des tentations et pour fuir les emmerdes. Et là, malheureusement, on lui propose d'entrée un bon paquet de fric pour faire des voyages en avion ! Ça risque de compliquer les choses.

Quant à Henri Cabrol, c'était un bon informateur pour lui : le généraliste est celui qui connaît bien le dessous des cartes dans un village, les maladies honteuses, les IVG secrètes après un adultère, les demandes discrètes de pilule ou de stérilet, les degrés de l'alcoolisme avoué et inavoué, les yeux au beurre noir à cause d'un choc sur l'angle d'un meuble, les chutes dans l'escalier un peu bizarres... Sinon il y a le curé, le notaire, le percepteur, le patron du bistrot ou le coiffeur. Ils avaient tous des informations concernant les protagonistes de cette « affaire ». Chacun avait sûrement capté quelque chose de particulier. S'il arrivait à les amadouer, ils allaient devenir ses indics sans le savoir. Alors il pourrait peut-être faire la synthèse...

Quand il eut fini de se dire tout ça, il avait terminé sa vaisselle dans l'évier et s'apprêtait à s'installer sur son banc avec le cigare du soir. Il était à peine assis, son briquet en main, qu'il entendit le petit bruit de la porte du jardin. Il tiqua : ça n'était pas prévu. Rebecca s'avança vers lui sans le moindre bruit, s'assit à son côté et murmura :

« Ça y est, ils m'ont filé mon billet d'avion et l'argent liquide. On passe demain matin chez Wilhelm récupérer la toile. Ils m'amènent en bagnole à Toulouse-Blagnac. J'ai un vol pour Roissy à quatorze heures puis pour Caracas à seize heures. Je suis morte de trouille. Mais j'ai dit oui et j'y vais. J'étais juste passée vous prévenir pour que vous ne vous inquiétiez pas demain soir : je ne serai pas là de trois jours, mais c'est pour le boulot . »

Il n'eut pas le temps de lui dire un seul mot. Elle s'était déjà levée et partait sans bruit au pas de course, pliée en angle droit, vers la porte et le chemin du ruisseau. Elle avait déjà pris d'instinct des comportements guerriers. Ça lui rappela immédiatement les guerres entre bandes rivales de gosses, avec frondes et cabanes, auxquelles il avait participé ici même, dans les bois du dessus, dans les années cinquante. Ça ne le fit sourire qu'à moitié. Parce que ce coup-ci c'était la petite-fille de Bernadette qui partait en guerre, et que ce n'était pas une guerre pour rire avec des frondes. Et il n'avait rien fait pour la retenir.

Il tenta de s'endormir vite ce soir-là pour ne pas trop gamberger, mais ses techniques s'avérèrent insuffisantes : il garda les yeux grand ouverts jusqu'à deux heures au moins, puis se réveilla malgré tout à quatre heures.

Il s'installa sur le banc devant la porte, commença à tirer sur son cigare et à siroter son bol de café, et observa à travers les volutes de fumée la cime des arbres qui se découpait sur le ciel, dont le noir virait peu à peu au gris-blanc puis au rose pâle. Un bruit inhabituel s'approchait, traçant son chemin à travers le silence de l'aurore : une voiture, précédée par son pinceau de phares jaunes tournant et retournant et éclairant successivement des pans de forêt sur des versants opposés. Elle arrivait très vite depuis l'autre bout du village, prenait les virages à toute allure en faisant crisser ses pneus, passa devant chez lui sans ralentir et fonça vers le barrage de La Raviège. Drôle d'itinéraire quand on est pressé.

Tout redevint calme et normal après ce spectacle audio-visuel surréaliste qui dura quelques secondes. On aurait dit le passage d'un OVNI qui n'aurait laissé aucune trace et aucun souvenir. Tout s'était replié et refermé derrière cette voiture, comme s'il ne s'était rien passé. Elle avait juste écarté un peu l'espace-temps de la commune, s'était faufilée un instant et avait disparu dans un trou noir.

Il essaya de penser à autre chose. Mais son rituel de la matinée était perturbé par ces quelques secondes. Il descendit au village à dix heures, et c'est l'épicier Robert Riols qui le mit au courant.

Ce matin-là il faisait sa tournée avec sa camionnette de sept à neuf, et s'arrêtait chez tous les abonnés des fermes isolées. Il était passé comme tous les vendredis chez Wilhelm, avait klaxonné plusieurs fois, en vain. Alors il avait pris sur lui d'entrer, de circuler dans toutes les pièces du bas, de monter vers les étages, de toquer à la porte de sa chambre : rien. Pas de Wilhelm. Il l'avait appelé pendant tout ce temps, avait ouvert toutes les petites portes, de la salle de bains, des WC, des placards : rien. En ressortant il avait visité toutes les remises et les deux hangars : toujours rien. Alors il avait pris peur et avait appelé la gendarmerie qui lui avait demandé de passer signer une déclaration de « disparition inquiétante ». Il s'était exécuté, mais il n'aimait pas trop ça : être le premier à découvrir quelque chose d'inquiétant, forcément, vous êtes direct dans le collimateur et c'est vous qu'on cuisine en premier. Il avait toujours voté à droite, tout le monde le savait au village, mais il n'aimait pas avoir affaire aux gendarmes pour autant.

La disparition de Wilhelm, le jour même où il devait remettre sa toile à Rebecca, ça sentait le roussi comme coïncidence. Le passage en trombe de la voiture devant chez lui à quatre heures du matin, il se le garda pour lui, comme tout le reste. Il avait l'intention d'enquêter lui-même et de n'informer personne au village : son seul but était de protéger Rebecca. Déjà qu'il allait avoir les gendarmes dans les pattes... Il fit le plein de légumes en vue de se faire mijoter un pot-au-feu : carottes, navets roses, poireaux, oignon, céleri, pommes de terre. Puis direction la boucherie. Etienne Garric, un colosse au visage pourpre soufflant comme une forge, le ventre comprimé cherchant obstinément à faire exploser son tablier blanc taché de sang, lui tailla avec délicatesse un morceau de paleron de ses grosses mains poilues et boudinées, larges comme des battoirs. Il se fit rajouter un morceau de queue de boeuf et un os à moelle. Le boucher lança quelques vannes nouvelles dont il taisait l'origine, avec pour thématiques principales les blondes et les homos, et ça se termina au moment où il lui rendait la monnaie par les récriminations habituelles sur les impôts et les taxes qu'il était le seul à payer depuis qu'il travaillait en fait uniquement comme collecteur de taxes pour l'Etat, tout comme s'il avait été boucher en Union Soviétique, sauf que lui ne percevait pas de traitement de fonctionnaire : c'était du bénévolat ! Pas un mot sur la disparition de Wilhelm : l'épicier n'avait peut-être parlé qu'à une seule personne ce matin-là, choisie parce que client habitué au secret professionnel. Il fut rassuré, mais pour combien de temps ? Un secret dans un village, c'est un oxymore.

Comme tous les vendredis il s'arrêta chez le buraliste acheter *Le Monde des Livres*. Mais André Béziat qui pourtant était au centre de toutes les infos, communales, cantonales et départementales, ne lui parla pas de la disparition de Wilhelm. Apparemment rien n'avait encore filtré. Il remonta vers son perchoir, rassuré : ça lui laissait un répit pour réfléchir avant que la gendarmerie se pointe ou fasse une découverte.

Dès son arrivée il se mit à éplucher les légumes pendant qu'il plongeait déjà la viande dans une grande toupine en fonte pleine d'eau salée. Tout le week-end allait être placé sous le signe du pot-au-feu : bouillon-vermicelle pour commencer, puis viande, légumes, cornichons, câpres, moutarde, et le lendemain, avec les restes de viande, salade de pot-au-feu. Il plaça la toupine sur le feu de cheminée et régla la hauteur de la crémaillère. Dès que tout aurait bien cuit il l'éloignerait des flammes et la poserait sur la plaque en fonte de l'âtre, un peu en retrait, pour laisser mijoter trois ou quatre heures de plus. Le lendemain ce serait encore meilleur.

Comme il était midi et demi il fit manger la chatte et se fit une omelette patates-oignons, avec un morceau de tomme de chèvre ça suffirait en attendant le soir. Puis il grimpa vers la bibliothèque et se laissa tomber dans le grand fauteuil de cuir défoncé pour se remémorer tous les événements qui s'étaient précipités depuis quelques jours. C'était dans ce fauteuil qu'il s'installait quand il était en panne, et qu'il devait ruminer ou laisser ses pensées vagabonder avant que le moteur redémarre.

Toute sa petite vie tranquille venait d'être chamboulée en un rien de temps. Du coup il n'avait plus la tête à poursuivre son roman en cours : il laissa ses personnages en plan en leur disant qu'il allait revenir, sûr, mais il ne savait pas quand.

Il resta longtemps dans son fauteuil à rêvasser. La chatte vint même exceptionnellement lui tenir compagnie et, sentant qu'il se passait quelque chose d'inhabituel, sauta même sur ses genoux, chose qu'elle ne faisait plus spontanément depuis l'âge de six mois.

Il se décida finalement à aller se coucher, après avoir mis la toupine sur le bord de l'âtre, mais son cerveau n'était pas prêt du tout et continua à carburer. Il tourna et retourna longtemps entre ses draps, se résolut quand même à se lever à quatre heures. La journée lui parut interminable parce qu'il ne savait que faire. Il ne voulait surtout pas descendre aux nouvelles : il aurait eu l'air inquiet de celui qui sait quelque chose. Il attendit que l'on vienne à lui, et commença à faire des pronostics : lequel allait frapper le premier à sa porte ?

Il était toujours dans ses ruminations inquiètes lorsqu'à dix neuf heures la porte du jardin s'ouvrit et Rebecca se glissa furtivement jusqu'à sa cuisine. Elle était visiblement terrorisée. Elle lui raconta à toute allure qu'ils étaient allés en voiture avec Kevin et Pablo chercher la toile chez Wilhelm, très tôt le vendredi matin. Et là rien du tout, ni Wilhelm ni la toile. Ils avaient fait le tour de la maison : tout avait l'air normal, rien ne semblait avoir été déplacé ou détérioré, la maison n'avait pas été fouillée ni saccagée. Ils n'avaient pas osé crier et appeler Wilhelm pour ne pas se faire repérer, mais ils étaient sûrs que quelqu'un était passé : Wilhelm n'avait pas de voiture et ne serait pas parti à pied sans les avertir, ils avaient rendez-vous avec lui.

Kevin avait repris le volant : « Ça pue ici, je sens de mauvaises vibrations, l'air devient malsain pour nous. On se casse. J'espère que personne ne nous a vus entrer. Accrochez-vous, je trace.»

Il essaya de calmer Rebecca, lui dit qu'il ne fallait rien changer à son mode de vie, et surtout ne pas repartir vers Toulouse. Faire profil bas comme si elle n'était au courant de rien. Il l'avertit quand même qu'elle risquait d'avoir la visite des gendarmes parce que sa petite incursion chez Wilhelm, accompagnée de Tatiana, avait dû être repérée par quelque voisin attentif. Elle repartit très vite de la maison rouge, encore plus terrorisée qu'à son arrivée.

Il passa la soirée à tourner dans sa tête les différentes hypothèses possibles : accident, enlèvement, meurtre ? par qui ? un des quatre ? un étranger ayant appris que la toile allait partir incessamment, et venu spécialement pour ça ? un inconnu qui passait par hasard ? quelqu'un qui avait repéré le trafic de toiles ou quelqu'un qui cherchait juste de l'argent liquide ?

Il dormit mal à nouveau, et peu. Sa tête commençait à être envahie par cette histoire.

Le lendemain matin, il venait juste de s'installer à son ordinateur, quand il vit par la fenêtre un gyrophare bleu qui traversait le village avant d'obliquer vers la ferme de Wilhelm. Les recherches étaient entamées, donc il n'était toujours pas réapparu. Et tout le village savait qu'il s'était passé quelque chose. Il pouvait maintenant descendre et écouter ce qui se disait sans que sa présence semble suspecte.

La place du village était glaciale et balayée par le vent du nord, alors il opta pour le Café de la Gare. Louis Bouissière trônait derrière son comptoir, son crayon coincé entre son oreille droite et son béret, les manches de sa chemise retroussées, ses mains rouges manipulant vigoureusement les verres ballon et la bouteille de blanc. Sûr qu'il était déjà au courant, mais de quoi ?

« L'Allemand, c'est clair qu'il devait lui arriver quelque chose. Avec toutes les peintures qu'il avait chez lui ! Et puis il devait en vendre sûrement à Paris ou à l'étranger, alors du pognon il devait en avoir, planqué quelque part. Tout le monde s'en doutait, alors ça peut être n'importe qui. Surtout qu'il faisait souvent venir chez lui les deux petites hippies, Tatiana et Inès, pour leur donner des cours de peinture, le vieux cochon. S'il faut c'est leurs deux mecs qui ont fait le coup : Kevin et Pablo. Depuis qu'ils sont arrivés ici on se demande de quoi ils peuvent bien vivre ces chevelus. Si j'étais gendarme je te bouclerais tout ce beau monde et ils se mettraient vite à table. Vous en pensez quoi vous, Doc ? »

Il répondit évasivement et s'installa à la table du fond avec son café pour lire *La Dépêche du Midi*, en fait pour enregistrer tout ce que diraient les clients.

Il resta assis une heure et n'eut pas d'information utile. Ils répétaient tous ce qu'avait déjà résumé le patron. Décidément c'était la pensée même du village ce Louis Bouissière ! Un vrai sociologue. Il devrait se présenter à la mairie, ou pour le moins devenir correspondant local de *La Dépêche*.

Bon : il reviendrait dans deux ou trois jours prendre la température. A présent il ne lui restait plus qu'à attendre une nouvelle visite de Rebecca ce soir, à moins que quelqu'un d'autre ne s'avise de s'adresser à lui avant.

Et ça ne rata pas : vers quinze heures le gyrophare bleu s'arrêta devant chez lui.

« Bonjour Docteur Gilabert, je suis l'adjudant Lucien Phalippou, vous ne me connaissez pas encore, mais moi j'ai souvent entendu parler de vous par mon grand-père

Ernest qui était avec vous à l'école primaire. Ce qui nous amène vers vous, mon collègue le gendarme Antoine Calvet et moi, c'est simplement la situation géographique de votre maison. Depuis votre fenêtre au deuxième étage, vous avez une vue imprenable sur tout le village, vous pouvez facilement repérer les allées et venues et surtout les voitures, même celles qui ne viennent pas jusqu'ici. On nous a dit que votre fenêtre était souvent éclairée dès quatre heures du matin et jusque tard le soir. Alors dans la nuit de jeudi à vendredi, vous n'auriez pas remarqué des allées et venues inhabituelles ? »

Il décida en un quart de seconde de ne rien dire des phares et des crissements de pneus de cette nuit-là. Pourquoi se taire là-dessus ? Il ne le savait pas. C'était d'instinct. Il sentait comme une évidence qu'il ne le fallait pas. Pour protéger Rebecca.

Ils repartirent en s'excusant du dérangement. Ils n'avaient pas parlé des visites régulières de Rebecca. Peut-être que personne ne les avait encore repérées. Mais si les gendarmes suivaient les avis éclairés du patron du bistrot, elle aurait droit à sa garde à vue elle aussi, avec tous ses colocataires.

Elle ne vint pas ce soir-là, et elle ne laissa pas non plus de papier journal plié dans la boîte aux lettres. Comment savoir ce qui se passait ? Il n'avait que les trajectoires des gyrophares pour imaginer la progression de l'enquête.

Alors il s'installa au second, derrière sa fenêtre, une bonne partie de la nuit. Le veilleur s'était transformé en guetteur. Mais les gyrophares ne réapparurent pas : les gendarmes étaient rentrés chez eux et semblaient respecter les horaires de bureau. L'enquête démarrait pour l'instant tranquillement. Pas de nouvelle voiture suspecte au petit matin non plus. Le village était resté silencieux toute la nuit.

C'est vers neuf heures que tout se déclencha. Un cortège de voitures banalisées arriva à l'entrée ouest du village, précédé par la voiture des gendarmes. Ils se dirigèrent tous vers la ferme de Kuntz sur la route d'Anglès. Les choses semblaient s'accélérer. Il prit son sac à dos et dévala la route en essayant de se calmer et d'avoir l'air du gars qui va faire ses courses comme d'habitude. Il ne fallait absolument pas qu'il aille dans la direction de la maison de Wilhelm, mais toute sa tête était déjà là-bas. Tous les commerçants, malgré le froid, étaient devant la porte de leur boutique : ravis qu'enfin il se passe quelque chose de spectaculaire. Les journalistes allaient eux aussi arriver, sûr. Presque autant d'animation que pour le Tour de France.

Un vent glacial s'était levé et balançait par rafales des paquets de petits grains de pluie fine, presque gelée, qui se collaient aux yeux. Il releva son col, abaissa le bord de son chapeau sur ses lunettes, se pencha instinctivement en avant et s'engouffra dans le Café de la Gare. Quatre clients étaient déjà là, mais pas pour faire une belote : accoudés au zinc devant leur ballon de blanc, ils tournèrent la tête vers lui avec une parfaite simultanéité et s'arrêtèrent de parler.

Louis Bouissière essaya immédiatement de détendre l'atmosphère : « Vous avez vu Doc, je vous l'avais dit qu'il était arrivé un sale truc au Wilhelm. A tous les coups ils l'ont retrouvé. Mais pas vivant. Il fallait que ça nous arrive : de mémoire d'ancien il n'y a jamais eu de meurtre ici. Eh bé voilà, c'est arrivé. C'est la patronne de l'Hôtel du Balcon qui va être contente : elle va faire le plein de journalistes et leur refiler son menu campagnard : charcuterie fine comme du papier à cigarettes, confit de canard sec comme une trique, frites surgelées, fromage sorti du frigo et croustade cramée ! On va avoir droit à un papier dans la rubrique gastronomique de *La Dépêche* !

Qu'est-ce que je vous sers avec ce temps de chien, Doc ? »

Il s'installa à sa table avec son café-perco et son journal. Mais là il n'apprendrait rien de plus pour ce matin. Il fallait que l'équipe de la police scientifique ait terminé son job et que le corps, si corps il y avait, soit envoyé en Médecine Légale à Castres ou Albi. Il n'y avait plus qu'à attendre. Il fallait à tout prix qu'il se remette à son roman, sinon sa tête allait continuer à pédaler et son petit vélo à tourner en boucle.

Il fit le tour de ses trois magasins habituels en baissant la tête pour lutter contre le vent de face qui voulait à tout prix le ralentir dans sa progression et l'empêcher de pénétrer dans le village. Il entendit trois fois la même rengaine : boulanger, boucher, épicier. Toujours le discours du bistrotier, copié-collé. Rebecca n'était pas à la boulangerie, mais peut-être n'était-ce pas son jour. La boulangère n'avait pas l'air de s'inquiéter.

Il déambula un moment dans le village mais évita de s'engager sur la route du Sud, celle d'Anglès qui menait à La Glevade, la ferme de Kuntz. Il contourna la seconde fontaine, dite de l'Obélisque, celle de la rive gauche, près de l'école publique et du temple protestant. Il fallait absolument qu'il rentre chez lui maintenant. Il décida en cours de route qu'il ne pouvait pas se remettre à son roman dans cet état et qu'il fallait au contraire qu'il se trouve une occupation physique pour se vider de toute cette tension interne : faire des trous, mettre des chevilles et des vis, planter des clous, scier du bois, faire la cuisine, ranger ses disques et ses bouquins, faire le ménage ou la lessive. N'importe quoi mais il fallait tenir jusqu'au soir.

La maison du fadorle avait pris elle aussi sa tenue d'hiver. Le vent tournait méchamment autour d'elle et l'attaquait avec furie pour essayer de se frayer un passage à travers les fenêtres ou sous le toit. Il projetait des salves de pluie gelée contre sa façade qui crépitait sous les impacts comme sous les tirs d'un peloton d'exécution. Mais, toute basque qu'elle fût d'aspect, le maçon avait pris soin de lui bichonner un toit d'ardoises crochetées très pentu en prévision de la neige, et le menuisier des volets en bois massif hermétiques, peints en rouge grenat comme les colombages. Alors le vent avait beau s'acharner, elle ne tremblait même pas, accrochée au granit de la pente, fière et droite comme un phare breton dans la tempête.

En ce moment, il essayait juste de lui ressembler, et se préparait à affronter la tempête qui n'allait pas tarder à se jeter sur lui.

Il mangea un peu et se déchaîna tout l'après-midi sur les bûches, les murs et les clous. Mais même comme ça, il lui fut difficile de ne pas laisser surgir quelques pensées parasites, qui venaient combler par leurs réponses loufoques le vide que creusait chacune de ses questions.

Chapitre 2 : Galinier / Pluie

A dix sept heures une voiture s'arrêta en bas de son escalier, la portière claqua et on frappa immédiatement à sa porte.

Un homme jeune, vêtu d'un long manteau de laine beige et coiffé d'un chapeau de feutre marron foncé, rangea sa pipe dans sa poche avant de se présenter :

« Bonsoir Docteur. Je suis le lieutenant Alain Galinier, de la Police Judiciaire. J'aimerais avoir avec vous un entretien informel, sans témoins, et que je ne mentionnerai pas dans mon rapport. Ça restera off. Je vous demande cela à titre un peu exceptionnel. Vous avez été sur les bancs de l'école primaire avec mon père Jean-Paul qui depuis a fait carrière à Paris au Quai des Orfèvres. Il a pris sa retraite mais me parle souvent de vous : il vous a suivi dans les procès d'Assises quant vous témoigniez à la barre en tant qu'expert psychiatre, pour déterminer si un inculpé bénéficiait de toute sa lucidité et s'il était responsable de ses actes au moment des faits. Et il m'a toujours dit que vos rapports étaient rigoureux et sans flou ou ambiguïté, ce qui est rare chez les experts psychiatres. Moi je n'ai pas voulu d'une carrière parisienne, je tiens à rester dans le Tarn : dès que je m'éloigne un peu du Tarn, du Gijou ou de l'Agoût, j'étouffe. J'ai besoin de mes rivières, des forêts, des truites, des châtaignes, des asperges sauvages, des cèpes et des écrevisses. Et puis ma femme tient un magasin de prêt-à-porter à Albi. Alors voilà. On m'a mis sur cette affaire parce que la gendarmerie nationale ne suffira pas. C'est un gros truc qui sent le roussi avec peut-être des ramifications internationales.

Avant de vous demander ce que vous en pensez, je vous livre tout ce que je détiens à cette heure : pour vous montrer que vous n'êtes pour moi ni un suspect ni un simple témoin.

Wilhelm Kuntz a été torturé pendant plusieurs heures dans la nuit de jeudi à vendredi. On lui a brûlé la plante des pieds avec des tisons de sa cheminée, après lui avoir attaché mains et pieds. Puis, une à deux heures après, on a mis fin à ses souffrances en lui fracassant le crâne. Toujours attaché, on l'a balancé dans le vieux puits désaffecté au fond du jardin. Rien n'a été fracturé dans la maison. Il manque juste une toile qu'il s'apprêtait à expédier par coursier le vendredi matin : son ordinateur ne nous a révélé que la photographie de cette toile. Un petit carnet qu'il cachait dans son lit nous a révélé que la toile devait être livrée à Caracas et que la « galeriste » devait passer la prendre vendredi matin avant de se rendre à Toulouse-Blagnac. Le nom de cette personne ne figure pas sur le carnet.

Les taches de sang ont été localisées, les prélèvements ADN ont été faits. J'attends les résultats.

Tous les voisins que nous avons interrogés sont unanimes : les seules personnes qui se rendaient à la ferme de Kuntz régulièrement étaient les quatre marginaux du village, qui s'étaient adjoint récemment une cinquième colocataire. Cette dernière a craqué la première en garde à vue et nous a avoué que c'est elle qui devait convoyer une toile à Caracas, qu'ils s'étaient rendus à trois ce matin du vendredi vers quatre heures chez Kuntz, et qu'ils n'avaient rien trouvé, ni la toile ni Kuntz : ils avaient disparu tous les deux avant leur arrivée. Ils ont décidé de ne pas signaler cette disparition et se sont éclipsés.

Maintenant je vais jouer franc-jeu avec vous. Des voisins observateurs nous ont dit que cette jeune femme inconnue de nos services s'était rendue à plusieurs reprises chez vous ces derniers jours, toujours le soir à dix neuf heures, et toujours en passant discrètement par la porte de derrière. Alors j'ai deux questions à vous poser : que venait-elle faire chez vous ? et que vous a-t-elle dit ? »

Jordi Gilabert se recula sur son fauteuil, étendit ses jambes et respira profondément. Dans le fond il aimait mieux ça. Que Rebecca ait tout balancé d'entrée la mettrait peut-être à l'abri, et il allait pouvoir l'aider en confirmant et en précisant dans quel état psychique elle était ces jours derniers. Il avait capté tout de suite qu'avec Galinier il valait mieux qu'il joue franc-jeu lui aussi. Donnant-donnant. C'était un rusé bien sûr, mais un intuitif qui marchait au feeling : il valait mieux préserver cette complicité par père interposé.

Alors, calmement, pendant qu'ils buvaient leur thé fumant en se jetant de temps à autre des regards furtifs, il lui résuma sa rencontre avec Rebecca et tout ce qu'elle lui avait dit concernant les toiles. Il omit simplement de lui dire qu'il avait connu sa grand-mère Bernadette autrefois. Mais peut-être que le père Galinier avait déjà transmis l'info. Et puis après tout, était-ce très important pour l'enquête ? Puisqu'elle était venue vers lui sans le savoir, du moins le supposait-il. Il lui parla même du passage de la voiture devant chez lui le vendredi à quatre heures, parce que là tout avait changé.

Le lieutenant se leva visiblement satisfait. Il avait obtenu tout ce qu'il voulait pour aujourd'hui : les aveux de Rebecca et la confirmation de « son psy », en douceur. Finalement il avait tort de se méfier systématiquement des psychiatres. Dans la police ils ont la réputation de s'opposer à toute collaboration et de se retrancher par principe derrière le secret médical. Mais là il est vrai que Rebecca n'était pas la patiente du Docteur Gilabert, qui d'ailleurs n'exerçait plus. Juste une personne qui venait se confier et demander conseil. Alors c'était tout de suite plus simple. Et puis, le fait de se référer d'emblée à son père Jean-Paul, ça c'était la super bonne idée. Il avait marché comme un grand. Comme quoi les psys ne sont pas aussi futés qu'ils le croient.

Galinier était content de lui. Les gendarmes, la police scientifique, le médecin légiste, les témoins, les suspects pendant leur garde à vue, et maintenant le psy, tout s'était bien articulé pour une fois. Il allait pouvoir calmer le Procureur qui avait une réputation de gros angoissé, anorexique, obsessionnel, à la fois rigide et par moments explosif, et qui allait sûrement, malgré son coup de fil rassurant, rappliquer dès le lendemain. Il avait éliminé dès le premier jour la fausse piste que tout le village lui avait tendue. Il allait pouvoir s'occuper demain de la vraie.

Il redescendit tranquillement au village et gara sa voiture rive gauche, sous les marronniers de la place, devant l'Hôtel du Balcon. Son père lui avait dit d'éviter le menu campagnard de la veuve Houlès et de prendre plutôt des cèpes ou une truite ou des écrevisses. Il ne prit pas de risque et commanda les trois, avec un Gaillac rouge « Château de Salettes » pour dissoudre le tout. En sortant de la salle à manger il contourna quelques journalistes qui étaient accoudés au bar en train de refaire l'enquête autour d'un whisky, et monta directement vers sa chambre. Il s'endormit assez vite, bercé par le grondement sourd de l'Agoût, déterminée à descendre vers Castres, mais contrariée par les piles butées du Pont Vieux. Il passa une bonne nuit, ce qui était rare quand il était sur une affaire de meurtre. Peut-être parce qu'il dormait dans le village où son père était né et où reposaient ses grand-parents.

Le lendemain matin il était sur le pont dès six heures trente, mais le serveur s'y attendait et avait déjà tout préparé : oeufs au bacon, charcuterie de Lacaune, fromage du Larzac, et café-chaussette dont il camoufla l'absence de goût avec un gros nuage de lait bien sucré.

Il avait fixé son plan. Après cette première fausse piste, repartir à zéro en commençant par les fondamentaux, l'enquête de voisinage, qu'il aimait bien faire seul : ça lui laissait les coudées franches.

Il posa sur la table une photocopie de la carte IGN au 1/25000, marqua au feutre rouge la ferme de Kuntz, et au feutre vert toutes les fermes qui se trouvaient autour dans un rayon d'un kilomètre pour commencer. Après on verrait s'il y avait lieu d'élargir. Il nota les noms dans son petit carnet noir Moleskine : La Prade, La Borie Haute, Guzanes, Les Planquettes, La Fusarié, Penrieu. Il replia la carte et la joignit au carnet. C'était un bon programme pour la journée : aller chez tous ces gens, les interrompre dans leur travail, les faire parler sans en avoir l'air, ne pas les braquer, ne pas leur laisser entendre qu'ils faisaient partie des suspects. Tout ça six fois. Il adorait ce travail tout en finesse. Il allait adorer cette journée.

Il commença par les fermes proches de la route, d'où l'on pouvait surveiller facilement les allées et venues des voitures.

La Prade, comme son nom l'indiquait, s'étalait sur un terrain alluvionnaire plat, irrigué par un ruisseau qui serpentait parmi les saules. De grandes prairies clôturées accueillaient un troupeau conséquent d'une centaine de vaches « rouges » (des limousines) qui rejoignaient tous les soirs en hiver leur stabulation avec toit, paille, foin et abreuvoirs. La Prade, c'étaient les Chabert depuis maintenant quatre générations. Il arrêta sa voiture dans la cour principale, gravillonnée et propre : pas de tas de fumier avec des poules dessus, pas de brouette ou d'outils traînant par terre. Ferme moderne, bien entretenue, sûrement par un couple jeune et dynamique, tout droit sorti du Lycée agricole de Flamarens, gérant tout par ordinateur et branché sur internet. Et en effet une jeune femme ouvrit la porte vitrée de la cuisine et s'avança vers lui : bottes de caoutchouc vertes, jean bleu moulant des hanches généreuses, pas de ventre, mais une poitrine que l'on sentait ferme et volontaire sous un pull à col roulé gris assez ample, foulard rouge à fleurs plaquant sur les tempes ses cheveux que l'on devinait châtain clair. Elle ne put s'empêcher de froncer les sourcils au-dessus de son regard interrogateur, pendant qu'elle s'essuyait les mains sur les fesses.

« Madame Chabert je suppose. Bonjour madame, je suis le lieutenant Galinier de la Police Judiciaire. Vous pouvez me consacrer quelques instants ?

— Ah ! vous venez pour l'histoire qui est arrivée au peintre ? Entrez donc. Je viens juste de préparer du café pour toute la maison. Vous en prenez ? Avec un sucre ? Ici à La Prade on pourra pas vous aider beaucoup, déjà parce que la ferme de Kuntz est cachée par les arbres. Nous on est situés près de la route mais on n'a pas vu de voiture suspecte ce matin-là. Pendant la nuit je n'ai rien entendu de spécial non plus : je dors bien, mais si une voiture passe devant la ferme avant six heures je l'entends. J'ai l'ouïe fine parce qu'avec les vaches il faut souvent se lever la nuit pour aider au vêlage : il faut s'y mettre à deux ou trois parfois avec les cordes et le palan. On fait pas venir le vétérinaire à tous les coups, vu ses tarifs de nuit.

Cette nuit-là on a tous pu dormir, mon mari et nos trois enfants : les vaches n'ont pas eu de problème jusqu'à l'heure de la traite. C'est rare mais ça arrive. Ah ! justement le voilà qui revient de l'étable. »

Chabert entra et chercha immédiatement le regard du lieutenant. C'était un homme petit, trapu, rouquin, la peau encore plus rouge que le pelage de ses vaches (et ce n'était sûrement pas à cause d'un coup de soleil), les yeux gris clair presque translucides, petits et plissés, toujours mobiles et comme inquiets, à fureter partout en se déplaçant rapidement. Il était vêtu de la combinaison de travail standard que portent tous les agriculteurs de la FNSEA pour les interviews télé, vert sombre, enfoncée dans ses bottes de caoutchouc marron, couleur fumier. Il prit place à table sur la chaise qui faisait face à Galinier, et commença à lui parler avant même toute question.

« Le peintre je l'ai vu deux fois à son arrivée ici. Il était venu se présenter et nous avait même laissé une de ses petites peintures carrées en cadeau. C'est celle que vous avez vue dans l'entrée. C'est la seule de la maison d'ailleurs. Ma femme et moi on est pas très peinture. La deuxième fois c'était pour la Noël: il était passé offrir des chocolats aux gosses. Depuis on ne l'a plus revu ici. Il ne sort pratiquement pas, même pour les courses : l'épicier ambulant et la boulangère lui apportent tout à domicile une fois par semaine. Je crois qu'il a de plus en plus de mal à marcher. Pas étonnant avec tout ce qu'il picole! On l'a revu de loin pour la fête du village le quinze août : il était complètement bourré. Il ne tenait pas debout. Le voisin de La Fusarié a dû le ramener couché à l'arrière de son pick-up : il ne tenait même pas assis.

Ici il ne peignait pas tout le temps. Il recevait souvent des jeunes filles qui venaient voir sa peinture ou prendre des cours. Il lui arrivait aussi de faire des voyages. Il se faisait conduire en taxi jusqu'à Toulouse prendre l'avion pour la Suisse, vous voyez le genre. C'est Béziat le chauffeur du taxi qui nous l'a dit. Je ne sais pas ce qu'il trafiquait là-bas mais c'était pas de la peinture qu'il allait vendre : il ne partait qu'avec un sac de voyage, restait absent deux nuits maximum. Mais c'était assez fréquent : deux ou trois fois par an. Et au retour il demandait toujours à Béziat de venir le chercher à Blagnac. Qu'est-ce qu'il allait faire en Suisse, ça c'est pas mes oignons. Mais c'est pour dire qu'il avait peut-être du pognon pas très propre à planquer, vous savez sur ces comptes anonymes avec juste un numéro pour échapper au fisc français. Il avait oublié d'être con le Wilhelm. Pendant que nous on trime ici jour et nuit pour payer toutes les taxes et nourrir les glandeurs du RSA et des ASSEDIC. »

Galinier enregistra que cette nuit-là toute la ferme de La Prade dormait, exceptionnellement, et que personne ne s'était absenté vers deux ou trois heures du matin. Et qu'aucune voiture n'était passée sur la route.

Pas de surprise donc. Celle-là il s'y attendait. Il s'attendait aussi à du copié-collé chez les autres voisins. Mais il savait aussi qu'à un moment imprévisible, il trouverait la brèche.

Alors il prit congé des Chabert en les remerciant chaleureusement et en leur laissant bien sûr sa carte de visite au cas où. Le café de madame Chabert était bien meilleur que celui de l'hôtel. Ça c'était un bon point. Son mari était comme prévu, mais il lui pardonnait un peu, parce qu'il était né ici, dans la ferme de son père, et qu'il n'avait pas eu le choix, et parce que le père Galinier était né ici lui aussi.

Il était dix heures. Il avait le temps de se faire une deuxième ferme avant d'aller manger. Il consulta sa carte et son carnet : Penrieu, la ferme des Fabre. Ceux-là, ils avaient voulu faire mentir l'étymologie. Ça le fit sourire. Il aimait bien les gens qui avaient un nom qui semblait les prédestiner à un certain métier, et qui avaient fait exprès de faire tout autre chose : Fabre était devenu agriculteur, et avait refusé d'être forgeron ; alors que Galinier, tout le monde le savait et en riait au village, c'était l'éleveur de poulets, et ils étaient devenus policiers de père en fils !

Penrieu se cachait au fond d'une petite vallée creusée par un ruisseau qui dévalait vers l'Agoût et vers lequel descendaient les versants abrupts d'une forêt de chênes. Juste à la sortie du village, mais assez sauvage et isolée quand même. Il obligea sa voiture méfiante à suivre l'indication du panneau et à s'engager dans le chemin de terre raviné et parsemé de cratères énormes, témoins des derniers bombardements allemands, et pour la remercier d'avoir courageusement franchi tous ces obstacles, il l'arrêta finalement sous un chêne à côté de la mare pour la laisser se reposer en compagnie des canards qui vinrent aussitôt lui nettoyer ses pneus pleins de vase. Il descendit avec précaution et posa un pied dans ce qui pouvait ressembler de loin à une crème de châtaignes ratée que l'on aurait essayé de rattraper avec du lisier de porc et de la fiente de poule. Il contourna plusieurs flaques sournoises qui l'attiraient telles des sirènes en occultant leur profondeur. Il s'approcha d'une porte en bois faite de deux panneaux, un ouvert en haut, un fermé en bas, et jeta un coup d'oeil à l'intérieur, étonné qu'aucun chien n'ait jusqu'ici tenté de l'en empêcher. Le chien en fait était à l'intérieur et lui sauta au visage dès qu'il eût passé la tête par l'ouverture. Un hurlement guttural d'homme aviné vint essayer de calmer le chien et fit au contraire redoubler ses aboiements : « Ta gueule Giscard ! Couché ! au pied ! »

Une tête d'oeuf allongée sortit des ténèbres de la pièce, suivie par un corps longiligne penché en avant, tous deux s'avancèrent d'un pas incertain vers Galinier. L'homme réussit à ouvrir la partie basse de la porte, et s'excusa :

« J'appelle tous mes chiens Giscard depuis 1973. A l'époque mes copains au bistrot m'avaient donné ce surnom à cause de mon crâne qui ressemble à celui de VGE, alors pour rigoler j'ai donné ce nom à un petit chien qui venait de naître au fond de l'étable. Comme ça faisait rire le facteur, j'ai continué avec tous ceux qui ont suivi. Juste les mâles.

— Monsieur Fabre ? Bonjour ! Je suis le lieutenant Galinier. Désolé de vous déranger en plein travail, mais vos observations peuvent m'être très utiles pour résoudre l'énigme du meurtre qui a eu lieu près de chez vous. Pourrions-nous nous entretenir un instant ?

— Ah ! vous voilà ! Commandant Galibert ! Je vous attendais. Je vous remercie d'avoir compris tout de suite que j'étais le seul à pouvoir vous éclairer sur cette affaire. Venez. On va s'installer dans la cuisine. »

Fabre sortit de l'étable en envoyant un coup de pied rétrograde raté à Giscard, tenta de suivre une trajectoire sinueuse et imprévisible de la porte de l'étable vers la porte de la cuisine. Après avoir balancé d'avant en arrière, il réussit à s'accrocher à la poignée et s'engouffra en baissant la tête dans une caverne qui semblait être le centre vital de la ferme. Il désigna au Commandant une chaise dont l'assise de paille transparente témoignait des longues années de lutte qu'elle avait menées contre les vrillettes et les termites. Pendant que Galinier posait prudemment un quart de son fessier droit sur le bord en bois de la chaise, Fabre avait déjà saisi sur le buffet une bouteille opaque dont le bouchon en liège semblait juste posé sur le goulot et ne demandait visiblement qu'à être tiré vers le haut. Il posa deux verres Duralex eux-mêmes opaques sur la toile dite cirée mais qui était surtout poisseuse, les remplit, à moitié pour le Commandant et à ras-bord pour lui. La bouteille était anonyme et le liquide parfaitement transparent, ce qui semblait annoncer une boisson de composition locale et inédite, mais de degré d'alcool vraisemblablement hors normes européennes. Galinier prit son verre, le leva poliment, le huma et toucha de ses lèvres le bord en prenant soin de n'ingérer aucune molécule de cette préparation sûrement radioactive.

Fabre avala d'un trait la moitié de son verre, lui souffla par la figure deux mètres cubes de gaz carbonique et de vapeur d'eau alcoolisée, et se recula sur sa chaise avec satisfaction. Galinier crut un instant qu'il allait pouvoir enfin poser ses questions. Il n'en fut rien : Fabre l'empêcha de démarrer et se mit à parler en continu sans le moindre quart de soupir où une toute petite question aurait pu se faufiler . Galinier en prit son parti et se dit qu'il arriverait malgré tout à en tirer quelque chose. Il avait l'art de s'adapter à l'interlocuteur, de le laisser poser lui-même les questions et apporter les réponses, toutes choses que l'on n'apprend pas dans les Ecoles de Police mais qu'il s'était lui-même bricolées au fil des enquêtes et qu'il n'aimait pas trop dévoiler à ses collègues, sauf de temps en temps à un petit jeune pas trop con qu'il aimait bien. Fabre marqua une pause, avala d'un trait l'autre moitié de son verre, s'en reversa un autre, respira un grand coup et se lança :

« Le peintre et moi on s'entendait bien. J'allais des fois chez lui en remontant le ruisseau pour relever les balances pour les écrevisses. Je lui apportais toujours une bouteille d'eau-de-vie de prune faite maison.

Les gens d'ici le prenaient tous pour un taiseux et un snob, mais avec moi il n'était pas du tout comme ça. Il me parlait de sa peinture, des femmes qu'il avait eues, de ses voyages et des sous qu'il mettait de côté. Un jour qu'on avait terminé la bouteille que je venais d'apporter, il me dit qu'il avait choisi ce village au fond du Tarn parce que c'était après guerre le royaume des usines textiles. Il y en avait quatre le long de la rivière. On utilisait l'eau pour faire tourner les machines et pour laver la laine. On faisait tout ici de A à Z : cardage, filature, teinture, tissage, même les moutons étaient juste à côté, à Lacaune. Il avait étudié toutes les techniques pour fabriquer des tissus : il avait plein de bouquins en allemand et en anglais là-dessus, sur ses étagères. Il me dit une fois qu'un tissu fabriqué d'une certaine manière pouvait recevoir une couche de peinture sur un côté et une couche d'autre chose de l'autre, sans que les deux se mélangent. Il ajouta en rigolant que les toiles qu'il peignait ici n'étaient donc utilisées qu'à moitié, et qu'un acheteur éventuel pouvait ajouter de l'autre côté une couche de ce qu'il voulait, peinture ou autre. Mais ça c'était son petit secret de fabrication. Il ne m'en dit pas plus ce jour-là parce que sa voix était devenue pâteuse et sa tête commençait à dodeliner. Je l'ai laissé dormir sur son canapé avec ma bouteille vide posée sur son coeur et j'ai refermé la maison en partant. Dès que j'ai appris qu'il avait été torturé et tué l'autre nuit j'ai pensé à cette histoire de tissu à double face, parce que la peinture qu'il faisait ne se vendait pas très cher. Mais un secret de fabrication comme ça, ça doit valoir des millions à mon avis. Qu'est-ce que vous en pensez Commandant ?

— Très intéressante votre hypothèse. Dommage que vous ne soyez pas entré dans la police : vous êtes doué pour l'observation et les enquêtes. Je vais étudier ça de près et je repasserai peut-être vous en parler. En tout cas merci, et surtout n'en parlez à personne quand vous irez au village. Il faut absolument que cette histoire de tissus reste entre vous et moi. Je compte sur vous. »

Il se leva en faisant signe à Fabre de ne pas le raccompagner. Giscard reniflait les pneus de sa voiture en bon limier et tenait les canards à distance. Voyant arriver Galinier il leva sa patte arrière droite contre la roue avant gauche pour s'approprier symboliquement ce véhicule inconnu plein d'odeurs étranges venues de la ville. Le lieutenant lui tapota la tête en lui disant au revoir, s'installa, ouvrit son carnet, consulta la carte IGN, regarda sa montre, et décida qu'après l'eau-de-vie maison il était temps d'aller manger chez la veuve Houlès. Tout le monde mange à midi pile ici, et il n'y a pas de second service.

Il se gara sous les marronniers, s'installa à sa table réservée près de la fenêtre, comme tous les autres pensionnaires. Son rond de serviette l'attendait avec la bouteille de Gaillac entamée la veille. La petite serveuse rondelette lui fit un grand sourire, s'avança vers sa table, se pencha vers lui, et, en lui tendant la carte, lui offrit sa poitrine juvénile et néanmoins généreuse en entrée : « Bonjour Lieutenant, aujourd'hui en plat du jour vous avez le choix entre la daube et le cassoulet. Je crois que le Chef s'est décarcassé juste pour vous : d'habitude il n'en propose qu'un ! » Galinier sourit et opta pour la daube parce que depuis la veille l'hôtel était plein de cette odeur unique du plat mijoté : elle remontait les escaliers et se faufilait sous les portes des chambres pour conditionner les clients pendant leur sommeil. En attendant il se versa un verre de vin et commença à gamberger sur cette histoire qui prenait bizarrement un tour textile. Mais dans le Tarn, après tout, ce n'était pas surprenant.

Après la daube tendre et fondante, accompagnée de coudes au beurre et au gruyère râpé, il prit pour dessert un poumpet au citron, moelleux et sucré, refusa le café-chaussette de la veuve Houlès en disant à la serveuse : « Non merci, j'ai besoin d'excitants maintenant, sinon je vais m'endormir sur la digestion .» Elle pouffa de rire. Il prit son chapeau et son manteau et sortit sur la terrasse en riant aussi, tout en bourrant sa pipe avec son mélange personnel qui répandait derrière lui une traînée d'un arôme de miel, de poivre de Cayenne et de piment d'Espelette. Il pourrait peut-être cet après-midi visiter deux nouvelles fermes. Il avait pris le bon rythme.

Il avait du mal à faire chauffer le fourneau de sa pipe dans le vent glacial qui attaquait la terrasse de l'hôtel. Alors il décida de la terminer dans sa voiture, ce qui était une mesure exceptionnelle pour hiver rigoureux. Il n'aimait pas fumer dans sa voiture : l'odeur qui restait ensuite dans l'habitacle ne rappelait en rien celle qu'il avait sentie en fumant. Fumer était pour lui un plaisir de l'instant dont les traces laissées dans les locaux ou dans les cendriers étaient très désagréables, comme si elles représentaient la punition ou le prix à payer, un peu comme les photos bien dégueulasses sur les paquets de cigarettes.

Quand il eut terminé sa méditation automobile, il consulta sa carte et se décida pour la ferme des Cros à La Fusarié. C'était vers le Sud, sur la route d'Anglès, un peu avant Le Bez. Une bâtisse énorme à l'ancienne, avec des murs de château-fort et des toits d'ardoise, cernée d'annexes modernes métalliques et recouvertes d'un matériau ondulé cherchant à imiter la tuile rose : deux époques de l'agriculture réunies en un seul domaine. Ça donnait le frisson. En tout cas ça faisait réfléchir.

Là on était très près de la ferme de Kuntz. Ces gens-là avaient peut-être vu ou entendu quelque chose. Il gara sa voiture devant la baie vitrée de ce qui semblait être la salle à manger des Cros. Il eut juste le temps de sortir et de refermer sa portière. Avant même qu'elle ne claque, la porte de la maison s'ouvrit et un homme d'une quarantaine d'années, grand, blond, bronzé, vêtu avec une élégance toute citadine, se planta sur le perron et l'accueillit avec un petit sourire en coin. « Monsieur le commissaire je présume ?

— Non. Lieutenant. Galinier, de la Police Judiciaire. Monsieur Cros je présume ?

— Oui lieutenant, le dernier du nom : pas d'enfant qui pourrait hériter de la ferme. Mais entrez donc, je vais vous présenter à la famille. »

La maison était sombre et massive, et malgré ce que semblaient annoncer ses murs, elle était meublée comme une maison bourgeoise de sous-préfecture. Longs couloirs tapissés de papiers à fleurs mauves et vert sombre. Miroirs immenses aux cadres en bois sculptés. Commodes en chêne massif, armoires, bibliothèques vitrées. Boiseries sur le bas des murs. Lustres en verre à pointes de diamant. Tout indiquait que l'on n'était pas dans une ferme mais dans la demeure d'un notable local dont l'heure de gloire était passée et qui n'en conservait que ces objets, témoins d'un passé révolu. La dynastie des Cros vivait déjà dans son caveau, en train de s'éteindre doucement. La Fusarié était devenue un musée et un mausolée.

Georges Cros précéda le lieutenant, lui fit traverser un hall carré au plafond à caissons haut de six mètres, puis lui ouvrit une porte à deux battants qui donnait dans le séjour. Une cheminée de pierre, style Renaissance, trônait au fond, avec ses deux bancs de pierre se faisant face de part et d'autre de l'âtre. Sur le banc de droite se tenait assis un petit vieux rabougri, les jambes enveloppées d'un plaid écossais et la tête coiffée d'un bonnet cylindrique noir brodé de rouge.

« Père, je te présente le lieutenant Galinier venu enquêter sur ce qui est arrivé à Monsieur Kuntz. Lieutenant Galinier, je vous présente mon père Evariste Cros. »

Le vieillard pivota avec difficulté, comme si ses vertèbres cervicales s'étaient soudées pendant la nuit et qu'il faille les faire craquer prudemment une à une pour mobiliser à nouveau la tête. Il fit un signe de la main à Galinier pour l'inviter à s'asseoir sur l'autre banc de pierre face à lui. C'est là que le lieutenant vit enfin son regard : celui d'un oiseau de proie, jaune et perçant comme un poignard, et qui semblait, dans ce corps ratatiné et livide, la seule parcelle de vie et de feu, la dernière zone de résistance à la paralysie et à l'étiolement qui gagnaient inexorablement le reste de ce qui avait dû être autrefois une carcasse invincible et terrifiante.

Evariste Cros recula ses pantoufles qui s'étaient un peu trop rapprochées des braises, et sans lâcher Galinier du regard, commença :

« Lieutenant, si vous venez au sujet de Kuntz, il faut que vous sachiez que nous n'aimons guère dans le coin ces Allemands qui rachètent nos fermes, font monter le prix de la terre et donnent en plus des leçons d'efficacité économique et budgétaire à tout le monde. Vous le savez peut-être, votre père vous en a sûrement parlé, ici c'était le maquis de la Montagne Noire, plusieurs groupes qui les ont bien harcelés en 42 quand la zone libre a été envahie. On a eu des morts, mais eux aussi, et ils se sont vengés en prenant des otages au hasard. J'étais le plus jeune du groupe qui tournait entre Anglès, Le Bez, La Raviège et La Salvetat. Alors quand j'ai vu Kuntz s'installer à La Glevade, sous mes fenêtres, j'ai annoncé à tout le monde que je ne lui adresserais jamais la parole. Seul mon fils ne m'a pas soutenu et est allé lui souhaiter la bienvenue, parce qu'il adore la peinture et qu'il n'a pas connu la guerre. Vous non plus, Lieutenant, mais vous pouvez me croire : les nazis qu'on a eus ici n'étaient pas des soldats, c'étaient de grandes brutes blondes, très jeunes et fous comme des belettes, d'une violence inouïe, des psychopathes, des vikings, de vrais barbares qui, s'ils n'avaient pas eu la guerre à se mettre sous la dent, seraient devenus des délinquants ultra violents. Et ils prétendaient venir purifier notre civilisation décadente !

En tout cas votre Wilhelm, lui, n'était pas très catholique : il fréquentait surtout des hippies et des ivrognes, allait souvent en

Suisse où les nazis ont gardé leurs comptes bancaires, et vendait ses toiles surtout en Amérique latine. Si vous tenez compte de tous ces indices, vous pouvez assez facilement trouver le mobile : soit l'argent soit la vengeance. Qui a fait le coup ? Des gens étrangers au village, pour la vengeance ? Des gens d'ici pour l'argent ? Ou l'inverse ? Je ne sais pas. Pas moi en tout cas, vu mon état physique. Mais si j'avais été valide je ne me serais pas gêné, je vous l'avoue. Et peut-être même que votre père m'aurait compris, voire approuvé, tout policier qu'il soit. »

Georges Cros, pendant tout ce temps, regardait les réactions de Galinier avec appréhension. Comme ce dernier faisait mine de se lever, il ajouta :

« Lieutenant, il faut que je vous dise : cette nuit-là j'avais du mal à dormir et j'étais descendu à la cuisine grignoter vers trois heures et demie. J'ai entendu arriver une voiture et je l'ai vue passer devant ma fenêtre, une grosse cylindrée, je n'ai pas pu voir la marque. En tout cas elle ne s'est pas arrêtée à la ferme de Kuntz : elle est allée jusqu'à la ferme des Bousquet, Les Planquettes, juste après le grand lacet, et elle y est restée une demi-heure. Après, elle est redescendue et a filé vers Brassac à toute allure. Là j'ai bien vu que c'était la même voiture, une sorte de Mercedes, mais je n'en suis pas sûr. »

Galinier remercia les Cros, serra les mains, et reprit sa voiture d'un air songeur. En fait, intérieurement, il était tout excité. Cette voiture c'était sûrement la même que celle vue par Gilabert vers quatre heures et qui avait traversé tout le village avant de remonter en trombe vers La Raviège. Le timing collait. Restait à savoir ce qu'elle avait fait pendant une demi-heure, non pas chez Kuntz, mais chez les Bousquet.

Chapitre 3 : Bousquet / Grésil

Galinier ne prit pas le temps de remplir sa pipe et fonça directement vers Anglès, négocia le fameux grand lacet dont avait parlé Cros, vit le panneau indiquant « Les Planquettes » et s'engagea dans le petit chemin labouré par des torrents de boue : on pourrait y relever facilement les traces de pneus, dès que la pluie s'arrêterait. Il fallait qu'il rappelle les scientifiques en fin d'après-midi. Les pneus c'était plus facile que les traces d'ADN sur le cadavre, ça pouvait attendre un peu. Il n'était pas de ces flics obsessionnels qui sanctuarisent les scènes de crime pour que personne ne marche sur leurs sacro-saints indices.

Les Planquettes c'était l'inverse de La Fusarié : une ferme pauvre dont certains bâtiments étaient carrément délabrés. Plusieurs maisons d'habitation fermées et visiblement abandonnées. Il était autrefois fréquent que plusieurs familles de fermiers vivent côte à côte dans les mêmes bâtiments : on disait alors « une ferme à deux, ou trois, voire quatre feux ou foyers ». Ce voisinage permettait l'entraide au moment des gros travaux de la moisson, mais était surtout la source de jalousies et de conflits qui perduraient sur plusieurs générations, sans que les jeunes en connaissent toujours l'origine. Mais ils étaient tenus de maintenir la tradition. Ici, bien sûr, dans ces montagnes, ça s'était vidé dans les années cinquante et soixante. Les vieux n'avaient pas été remplacés, et seuls les deux frères Bousquet avaient résisté, repris des terres, agrandi le troupeau, remplacé le tracteur et les machines, réparé l'une des maisons et ils vivaient là, en vieux garçons, sous le même toit. C'étaient deux frères orphelins, d'une quarantaine d'années, qui n'avaient pas réussi à se marier. Endettés jusqu'au cou. Le vrai propriétaire des Planquettes c'était le Crédit Agricole. Si l'un d'entre eux tombait malade, ils étaient cuits.

Une pluie fine et gelée, que les gens d'ici appellent le « grésil », vint fouetter son visage en guise de comité d'accueil , dès qu'il eut ouvert la portière. Un chien squelettique au pelage gris tendance triste, troué de zones de pelade aux formes inédites qui lui donnaient l'air d'une carte de géographie, annonça l'arrivée de la voiture sans grande conviction, et Roger Bousquet sortit de l'étable, interrompu sûrement pendant la traite du soir. C'était un colosse à l'air placide qui avait, comme la plupart des colosses, un seul problème : il ne savait que faire de ses mains, alors il les cachait dans les poches de sa salopette pour se donner une contenance quand il ne les occupait pas à travailler. C'est ce qu'il fit tout de suite après avoir serré la main de Galinier. Une poigne à écraser d'un seul coup tous les métacarpiens d'une main d'homme normalement constitué. Galinier lui fit un petit sourire légèrement grimaçant en se présentant. L'autre s'attendait apparemment à cette visite, et cria vers le fond de l'étable : « André, c'est le commissaire ! » Galinier ne rectifia pas le titre. André Bousquet apparut à son tour dans l'encadrement de la porte. C'était le même avec deux ans de plus et dix centimètres de moins. Même carrure, même poigne, même salopette bleue à bretelles « Adolphe Lafont », mêmes cheveux roux. C'était le chef. Il jeta un coup d'oeil à son frère, hésita une demi-seconde et proposa à Galinier d'aller discuter dans la cuisine. Ils prirent place autour de la toile cirée à carreaux bleus et jaunes, et Roger sortit tout de suite trois verres Duralex du buffet. La cafetière en fer blanc cabossé, à poignée de bakélite noire, était posée sur le bord de la cuisinière, déjà fumante.

Galinier attaqua directement :

« Etes-vous sortis de chez vous dans la nuit de jeudi à vendredi dernier ? » L'aîné répondit « non ! » sans hésiter.

« Une voiture est-elle venue vous rendre visite cette nuit-là ?

— Jamais de la vie !

— Vous n'avez pas de chance. J'ai deux témoins qui l'ont vue venir directement jusqu'aux Planquettes vers trois heures et demie, y rester une demi-heure et repartir vers le village puis vers La Raviège. Nous allons vite savoir quel type de voiture et quels pneus. Les prélèvements ADN faits sur les vêtements, le corps et les meubles de Kuntz vont arriver eux aussi dans la journée et nous saurons qui est entré dans sa maison, qui l'a touché et qui l'a balancé dans le puits. Alors il vaudrait mieux que vous m'expliquiez tout de suite ce qu'est venu faire cette voiture chez vous, avant que les gendarmes ne vous mettent en garde à vue. Si vous acceptez de collaborer il en sera tenu compte. Mais si vous continuez sur votre version « pas sortis, pas de voiture » vous allez automatiquement être les suspects numéros un et deux du meurtre de Kuntz.

Le visage rubicond des deux frères pâlit d'un seul coup et Galinier jeta un regard détaché vers le râtelier, fixé sur le manteau de la cheminée, qui exposait les deux fusils de chasse « Robust », à canons juxtaposés, achetés dans les années soixante chez Manufrance. Ce regard n'échappa pas à André Bousquet. Galinier sortit son portable de la main gauche et de la main droite composa le numéro abrégé de l'adjudant de gendarmerie pour lui demander « un véhicule et une équipe pour placer en garde à vue les deux propriétaires des Planquettes ». Puis il replaça immédiatement sa main droite dans la poche de son manteau, où elle retrouva la crosse familière et rassurante de son SIG-Sauer 9 mm Parabellum.

« Je vous laisse vous changer et prendre quelques affaires. Si vous ne maintenez pas votre version, ça se passera bien avec les gendarmes. »

Galinier resta dans la cuisine pendant que les deux frères allaient se changer et se préparer à la garde à vue dans leurs chambres respectives qui donnaient toutes deux sur la cuisine pour économiser le chauffage. Il pouvait comme ça garder un oeil sur les fusils et l'autre sur le pick-up garé sous le hangar de devant. Le gyrophare bleu arriva cinq minutes après : « Merci messieurs pour votre diligence. Cette affaire va faire taire les mauvaises langues qui prétendent que, quand la gendarmerie et la police sont sur le même coup, elles ne savent que se tirer dans les pattes. »

Les frères Bousquet s'avancèrent tête basse, comme déjà accablés par ce qu'ils allaient devoir dire. Ils avaient vu à la télé que les suspects se cachaient toujours sous leur capuche ou remontaient leur blouson sur la tête, mais là, la télé n'était pas venue, heureusement, parce qu'ils étaient juste en salopette.

Les gendarmes, ils les connaissaient. Il n'y avait que ce Galinier qui les inquiétait vraiment, parce qu'il leur avait balancé en quelques secondes ce qu'ils pensaient pouvoir lui cacher tranquillement : les allées et venues de cette voiture dans la nuit du jeudi au vendredi, chez eux et pas chez Kuntz. Comment avait-il fait pour trouver tout ça aussi vite ? C'était un flic de la ville. Il fallait d'autant plus se méfier.

Galinier laissa André fermer la maison et mettre la clef dans sa poche. On verrait ensuite. Les voitures démarrèrent lentement et « sans gyrophare surtout », leur demanda Galinier, « dans le Tarn, de toute façon, tout le monde est déjà au courant, alors inutile d'allumer les feux de Bengale. » Cette remarque ne vexa pas les gendarmes qui aimaient bien mettre le gyrophare au moindre prétexte, elle les fit même rire, preuve qu'ils n'en voulaient pas à Galinier d'avoir mené l'affaire sans eux et d'avoir pratiquement réussi à la résoudre. Mais après tout, il était presque un enfant du pays, par père interposé, et les gendarmes avaient quand même un total respect pour le Quai des Orfèvres et le père Galinier, en souvenir de Maigret, de Louis Jouvet et de Bruno Kremer. Il paraît qu'il avait même été chef de la sécurité du Président de la République lors de ses voyages en Afrique !

Chapitre 4 : Garde à vue / Brouillard

Pendant leur garde à vue les deux frères n'opposèrent pas beaucoup de résistance. L'adjudant Phalippou et le gendarme Calvet les terrorisèrent un peu en leur disant qu'avec les traces de pneus dans la boue on allait vite retrouver la voiture qui leur avait rendu visite. Alors il valait mieux qu'ils ne leur fassent pas perdre de temps, et qu'ils se mettent à table sur cette mystérieuse visite nocturne.

C'est André qui prit la parole après avoir jeté un coup d'oeil à son frère. Il reconnut qu'ils étaient endettés jusqu'au cou et qu'ils n'arrivaient plus à payer les traites, ça tout le village le savait, et qu'ils s'attendaient à ce que la banque leur reprenne la ferme l'année suivante pour essayer de la revendre et se rembourser les prêts. C'est alors qu'un jour, en fin d'après-midi, ils avaient vu arriver une Mercedes noire aux vitres teintées. Les deux gars qui en descendirent, cheveux noirs gominés-plaqués, Ray Ban, costard noir à rayures et cravate à pois, leur dirent d'emblée qu'ils savaient par leur banquier commun qu'ils étaient endettés. Leur spécialité à eux c'était de sortir les honnêtes travailleurs de la mouise. Ils étaient prêts à leur offrir en liquide la totalité de la somme due, en échange d'un petit service bien sûr, qui resterait entre eux : la banque n'intervenait pas là-dedans. Ils étaient à la recherche d'innovations dans le textile, et ils savaient que cette région du Tarn était à l'avant-garde là-dedans. Ils savaient surtout que l'un de leurs voisins, le peintre Wilhelm Kuntz, avait découvert une nouvelle technique pour tisser des étoffes spéciales, et qu'il était arrivé à se les faire fabriquer par un tisserand du coin. Tout ce qui les intéressait c'était une de ces toiles, la dernière en date, qu'il était sur le point d'expédier, parce qu'il ne se faisait fabriquer ses toiles qu'à la demande : il n'y avait de stock nulle part. Donc il leur fallait cette toile pour la faire analyser par leurs chimistes. Kuntz connaissait bien les deux frères Bousquet, il était alcoolique, il ne se méfierait pas, et pendant que l'un des frères rigolerait avec lui en le faisant boire, l'autre repèrerait la toile et la subtiliserait avant de la placer dans le pick-up. Ensuite ils reviendraient aux Planquettes. Les clients passeraient vers trois heures et demie du matin, réceptionneraient la toile et remettraient à ce moment-là aux deux frères la somme convenue en liquide.

Les Bousquet, sonnés, se concertèrent cinq minutes et revinrent dire oui. Leurs commanditaires fixèrent la nuit du jeudi au vendredi, ils étaient sûrs que la toile serait prête à ce moment-là pour être expédiée le lendemain.

Ils passèrent toute la semaine suivante à réfléchir et à se méfier tout de même, mais conclurent que c'était un coup simple et sans risque : aller juste récupérer une toile et recevoir une telle récompense en échange, sans qu'il y ait eu de vol à main armée ou de violence quelconque, juste une bouteille de gnôle. Le risque était minime et le gain escompté énorme.

André raconta que ce soir-là tout s'était bien passé comme prévu : ils avaient apporté une bouteille d'eau-de-vie, André avait bien saoûlé le vieux Kuntz, et quand il s'était endormi sur son canapé, Roger était allé récupérer la toile, déjà roulée, empaquetée avec une étiquette, au bas de l'escalier de la cave, même pas cachée. Ils l'avaient embarquée dans le pick-up et amenée aux Planquettes.

A trois heures et demie, la Mercedes était arrivée. Ils avaient fait la transaction, toile contre argent liquide : deux cent mille euros en billets de cinquante. Ils avaient tout recompté sur la table de la cuisine : quatre mille billets ! Ils avaient mis une demi-heure à les compter tous et à les mettre par paquets de cent en quarante tas ! Ils n'avaient jamais vu autant d'argent de toute leur vie ! Les deux gars en costard commençaient même à s'énerver à la fin et trouvaient le temps long. Mais les billets, ça se compte. L'argent, ils l'avaient planqué dans la chambre d'André, sous une latte du plancher qu'ils avaient déclouée, dans le vide sanitaire entre parquet et dalle de béton. Ils pourraient le montrer aux gendarmes. Toute la somme y était encore, ils n'avaient touché à rien.

Voilà, ça ils l'avaient fait, mais c'est tout. Quand ils avaient quitté La Glevade, Kuntz roupillait sur son canapé, complètement bourré.

Les gendarmes étaient contents de leur interrogatoire. Roger confirma tout ce que son frère avait dit. Ils signèrent le procès-verbal et firent mine de se lever, tout contents.

Galinier, qui était resté dans le bureau d'à côté, la porte ouverte, entra, regarda les gendarmes et secoua la tête négativement : « Désolé messieurs, mais votre garde à vue va se prolonger jusqu'à ce que les résultats ADN soient revenus du labo. » Les deux frères, qui avaient repris des couleurs, redevinrent instantanément livides et retombèrent sur leur chaise, accablés.

Galinier entraîna les deux gendarmes dans un bureau éloigné pour faire le point.

On avait confirmation pour le passage de la Mercedes, d'abord vers Les Planquettes, puis vers La Raviège. On savait qu'elle avait amené 200 000 euros en billets de 50 et on allait pouvoir vérifier sous le parquet. On savait qu'elle était repartie avec la toile de Kuntz vers une destination inconnue, sans s'arrêter à La Glevade.

On attendait les prélèvements ADN, et pour le moment on gardait les frères Bousquet en garde à vue.

On allait chercher les cinq colocataires pour les replacer en garde à vue et pratiquer des prélèvements ADN sur eux aussi.

Tout le monde avait avoué être passé à La Glevade cette nuit-là. Les uns auraient laissé Kuntz endormi et seraient repartis avec la toile. Les autres n'auraient vu ni Kuntz ni la toile.

Il restait à savoir qui avait touché le peintre, ou frappé, ou transporté. Ils étaient forcément plusieurs pour l'avoir attaché et porté jusqu'au puits avant de le faire basculer par dessus la margelle : les colocataires ? les

Bousquet ? ou ceux de la Mercedes ? La question lui traversa l'esprit : si ceux de la Mercedes étaient allés ensuite à pied des Planquettes à La Glevade, pour mettre un terme aux activités de Kuntz après lui avoir ravi sa toile ? Les deux fermes ne sont éloignées après tout que de deux cents mètres.

Pendant leur nouvelle garde à vue, les cinq colocataires maintinrent leur version des faits. Ils n'avaient rien trouvé à La Glevade, ni le peintre, ni sa toile. Ils étaient repartis sans toucher à rien, mais ils avaient circulé à trois dans la maison et dans les hangars. On pourrait trouver des empreintes de mains, de pieds et de pneus, mais c'est tout. Ils n'avaient pas l'air très inquiets. Kevin et Pablo en particulier semblaient tranquilles. Mais il est vrai qu'avec leurs antécédents judiciaires ils connaissaient la musique de la garde à vue. Pas comme Rebecca qui était à nouveau au bord de l'évanouissement à chaque nouvelle question de Phalippou ou de Calvet.

Galinier écoutait tout ça depuis la pièce d'à côté, et commençait à être nerveux. Tous les prélèvements ADN avaient été réalisés sur les sept suspects. Le labo allait les comparer à ceux pratiqués chez Kuntz. Il ne pouvait maintenant qu'attendre le retour des résultats.

Et ça il n'aimait pas trop : attendre.

Alors il décida de prendre de l'avance et de s'attaquer à un autre aspect de l'affaire : le tissu très spécial que Kuntz avait réussi à se faire fabriquer à la demande ici. Il avait justement relevé dans le téléphone de Kuntz plusieurs appels à un petit tisserand du coin : Lucien Armengaud.

Chapitre 5 : Armengaud / Grêle

Galinier n'eut pas la patience d'aller manger à midi chez la veuve Houlès : il était comme une pile. Il s'acheta un sandwich au jambon de Lacaune chez le boulanger Azéma dans la Rue Neuve. Il s'installa dans sa voiture sur le parking du Café de la Gare, au pied du cimetière, pour le manger, et là sa voiture fut assaillie brusquement par un de ces orages de grêle terribles qui vous balancent en trois secondes sur le toit des oeufs de pigeon et vous font des creux dans la carrosserie. Pas le temps de mettre la voiture à l'abri : alors il attendit que ça s'arrête en espérant qu'aucune vitre ne serait flinguée, et il fila, sans boire un coup et sans fumer son cigare, vers l'atelier du tisserand.

Il se gara au bord de l'Agoût, dans la rue menant au Camboussel et au VVF, devant une longue bâtisse en pierres datant d'un autre siècle, ancrée dans le lit de la rivière et captant une partie de son courant à travers de larges grilles pour la faire entrer dans ses entrailles sombres avec un bruit assourdissant.

Il sonna et la tête du tisserand apparut à la fenêtre jouxtant la porte d'entrée, au-dessus du perron de cinq marches en pierre du Sidobre. Il vint lui ouvrir aussitôt et le fit entrer sans lui serrer la main, le saluer ni lui demander la raison de sa visite.

Lucien Armengaud avait la soixantaine dégingandée, maigre et voûtée. Sa tête portait une grande couronne de cheveux hirsutes, poivre et sel, hérissés comme après avoir été foudroyés, ou comme s'ils étaient entrés en guerre définitive et culturelle contre toute forme de shampooing. Son grand corps désarticulé était prisonnier d'une vieille salopette noire de cambouis, qui avait dû être bleue à l'époque préhistorique où elle était sortie des usines « Adolphe Lafont ».

C'était un survivant. Héritier d'une grosse usine qui avait tenu cinq générations à la grande époque du textile tarnais florissant, au bord de l'Agoût, sur le chemin partant de la Mairie et remontant vers La Raviège, le chemin du « Camboussel ». Il s'était progressivement réfugié dans le seul bâtiment qui ne tombait pas trop en ruines, et il persistait à tisser sur des métiers fabriqués au XX° siècle en Allemagne, increvables donc.

Aucune de ces machines n'était pilotée par ordinateur.

Son usine-vestige avait encore gardé les roues à aube en bois qui forçaient la rivière à faire tourner les roues métalliques et les poulies intérieures, réparties le long de grands axes horizontaux traversant le haut de toutes les pièces, et transmettant leur mouvement continu à de larges courroies de cuir agrafées, qui les transmettaient elle-mêmes aux engrenages et aux différentes machines faisant tous les métiers, cardage, filature et tissage.

Il s'était opposé à toutes les demandes du Maire qui voulait lui racheter son « usine vétuste » et la transformer en musée du textile. Elle tournait toujours la vieille. Il avait rajouté quelques moteurs électriques qu'il avait récupérés dans les usines qui fermaient, et il vivait au milieu du bruit assourdissant des poulies et des courroies de cuir, directes ou croisées, et des aller-retours des navettes qui claquaient comme des fouets sur les bords droit et gauche des métiers à tisser, pendant que les peignes tombaient et remontaient comme des guillotines, faisant trembler les pieds de fonte verte ancrés au sol de béton par d'énormes boulons. Toute la longue pièce était pleine de ce bruit et de cet acharnement à vouloir continuer à tisser comme ça, ici, malgré tout ce qu'on lui disait partout et surtout à la télé : « C'est fini pour vous. Le tissu ça se fabrique en Inde, au Pakistan, en Chine, en Tunisie ou au Maroc, mais pas dans le Tarn ! Ça revient trop cher ici ! Vous êtes dépassés ! » Alors il s'était séparé peu à peu de ses ouvriers en pleurant en cachette à chaque fois. Il restait maintenant seul à surveiller cette immense usine morte, réduite à une seule salle encore en vie. Et il allait d'une machine à l'autre avec sa longue burette à huile et sa salopette crasseuse, comme Charlot dans *Les Temps Modernes*, surveillant la moindre défaillance et réparant lui-même la moindre petite pièce qui menaçait d'enrayer le mécanisme. Il arrivait avec son savoir-faire artisanal à produire quelques mètres de tissu original, spécial, atypique, avec des fils insolites, des motifs et des assemblages de couleurs surprenants, qui plaisaient parfois à des acheteurs des maisons de couture ou de prêt-à-porter industriel, qu'il repérait sur Internet. Il vivotait tout seul. Heureusement il était célibataire, n'avait pas de voiture, ne dépensait rien et vivait ici-même dans deux pièces qu'il s'était aménagées juste à côté des machines. Leur bruit mêlé à celui de la rivière le rassurait et berçait son sommeil.

Il accompagna le lieutenant dans le bâtiment du fond, désaffecté et donc un peu moins bruyant, referma la porte et lui dit d'emblée : « Je sais pourquoi vous venez. »

Galinier, pendant les quelques mètres qu'il avait parcourus à ses côtés, avait cru cerner le personnage, et s'était décidé à le laisser parler sans lui poser la moindre petite question : c'était son candidat idéal.

« Vous savez, lieutenant, j'ai l'air comme ça rétrograde, dépassé ou même archaïque, mais je suis vraiment passionné par le textile : j'ai lu beaucoup de choses. Je n'ai jamais quitté mon village, mais je me tiens au courant de toutes les innovations, comme ça, pour le plaisir de savoir. Maintenant avec Internet c'est formidable tout ce qu'on peut apprendre sans sortir de chez soi.

Alors, quand Wilhelm Kuntz est venu me trouver, ça m'a tout de suite intéressé : un peintre allemand qui avait accumulé une vraie bibliothèque sur toutes les techniques de tissage ! Vous auriez vu ça : en allemand, en anglais. Il avait tout ! Passionné lui aussi, comme moi !

Il m'a dit d'entrée qu'il cherchait quelqu'un capable de lui fabriquer un certain type de tissu qu'il avait imaginé mais qui n'était pas encore au point. Un tissu capable de recevoir sur une face une couche de peinture à l'huile, et sur l'autre face tout autre chose, sans que les deux couches se mélangent. Il me dit que c'était un nouveau concept artistique dans les milieux d'avant-garde : un tableau peint au recto, avec un second tableau peint au verso, et exposé verticalement au milieu de la pièce. On pourrait tourner autour de lui, et non pas juste le regarder accroché à un mur tout bêtement comme on avait toujours fait jusqu'ici.

Je trouvai l'idée intéressante, sans plus. Moi ce qui m'intéressait davantage c'était le défi de fabriquer un tissu avec deux couches étanches : un tissu bi-face. Ça c'était une idée !

Alors je lui dis « oui » tout de suite : s'il avait des astuces pour réaliser ça, j'étais prêt à tenter de le fabriquer.

Et voilà comment je me suis lancé pendant des mois dans cette aventure. J'ai vraiment été pris là-dedans. Par moments je n'arrivais pas à faire autre chose de la journée, ni à penser à autre chose pendant la nuit.

Et puis, en « naviguant » comme ils disent sur Internet, je me suis aperçu que cette histoire de tableau peint sur les deux faces et exposé verticalement au milieu d'une pièce, il n'y en avait pas beaucoup d'exemples finalement, ça n'intéressait pas grand monde, c'était un gadget vraiment marginal et sans avenir.

Par contre, une nuit, je suis tombé sur une info pas banale : un gars s'était fait coincer à Roissy à cause de son manteau et de plusieurs vêtements qu'il ramenait dans ses bagages d'Amérique latine. Couleurs bizarres, odeur étrange, les chiens renifleurs inquiets. Bref, il s'est avéré que tout ça était imprégné de cocaïne !

Alors je me suis dit : des toiles de peintre, estampillées et garanties comme telles, c'est juste blanc derrière, donc, si tu y colles une couche de cocaïne, ça peut passer à la douane, sauf s'ils t'envoient les chiens ! Mais ils les envoient pas à tous les coups !

Une idée folle comme ça, que j'ai eue une nuit.

J'ai réussi à lui fabriquer ses toiles à Kuntz, je lui en ai livré cinq sans problèmes, et je commençais à me dire que je devenais parano avec mon histoire de cocaïne, quand l'autre jour j'ai appris qu'il avait été massacré et que la dernière toile que je lui avais fabriquée avait disparu. Alors là, tout ce que j'avais déjà cogité sur Internet m'a sauté à la figure : si on l'a tué c'est peut-être pour lui extorquer son secret de fabrication. Et donc ça aurait pu m'arriver à moi aussi !

Ce qui est dingue c'est qu'il est mort sans m'avoir dit si cette toile spéciale que je lui fabriquais c'était vraiment un nouveau concept artistique ou plutôt une nouvelle arnaque pour faire voyager tout autre chose ! »

Chapitre 6 : Aveux / Tempête

Galinier revint à la gendarmerie. Les choses semblaient se préciser et se précipiter. Il restait juste à faire parler les preuves ADN sur le corps de la victime et sur les vêtements. « Décidément, c'est bien plus facile, la police au temps des labos, ce n'est plus la police à papa », se dit-il avec un petit sourire pour son père qui avait connu le début de tout ça.

En attendant les fameux résultats (un peu comme les contrats dans « Gaston Lagaffe ») il décida de s'octroyer un nouveau repas de midi en solitaire chez la veuve Houlès : les gendarmes, eux, mangeaient bien sûr à la gendarmerie, et aucun d'eux ne l'avait invité, heureusement, parce que, pénétrer dans la vie privée d'un gendarme lui semblait une expérience à haut risque qui aurait pu le déprimer pour plusieurs jours.

Il gara sa voiture cette fois-ci en dehors de la place des marronniers : tous les emplacements étaient occupés et il dut descendre cinquante mètres sur la route de Castres. Le vent du Nord s'était levé et balayait la rue principale en tempête : ce n'étaient même plus des bourrasques, c'était une force cosmique qui s'engouffrait dans le village et poussait tout devant elle, bloquant les piétons qui avaient eu le malheur de s'engager sur le pont. Au vent s'ajoutait bien sûr la pluie gelée dont il finissait par avoir pris l'habitude.

A l'entrée de l'hôtel, l'ardoise écrite de la main du chef et malmenée par le vent affichait : « Salmis de palombe ou Truite aux amandes. » Il lui semblait bien avoir senti la nuit précédente l'odeur perfide du salmis. Il élimina d'emblée la truite, même aux amandes, très différente de la classique meunière, et demanda la carte des vins, vu que sa bouteille de la veille avait disparu de la table puisque terminée.

La petite serveuse rondelette avait changé de coiffure et de tenue, et elle s'avança vers lui, certaine de son effet : elle s'était fait raser le côté gauche du crâne et avait gardé du côté droit une longue mèche blonde teintée de vert fluo, qui croisait son front et venait lui barrer l'oeil gauche. Elle avait mis un petit tablier blanc à bretelles et une minijupe en cuir noir qui dépassait à peine du tablier. Heureusement elle avait choisi un débardeur noir en tissu souple très spécial, qui était beaucoup trop élastique pour contenir sa poitrine opulente. Celle-ci s'obstinait à la précéder en toutes circonstances, comme pour affronter les clients et pour la mettre à l'abri de toute tentative d'intimidation. Les deux complices s'avancèrent vers lui et lui proposèrent la carte des vins. Sans y jeter un oeil, il lui demanda le vin que le chef avait utilisé pour confectionner son salmis : elle en profita pour se pencher vers sa tête, et, tout en lui collant le creux de son débardeur sous le nez, elle lui glissa à l'oreille, comme un secret intime, qu'il s'agissait d'un « Rabastens », peu connu des snobs mais costaud et goûteux. Le nom lui plut, parce qu'il sonnait un peu comme « robuste » ou « roboratif ». Il lui fit confiance. Après tout, elle était du pays, et « robuste » lui allait bien.

Le salmis à l'Armagnac et au vin rouge de la Cave de Rabastens le ravit au-delà de tout ce qu'il avait pu espérer : chair tendre et fondante de la palombe, sauce onctueuse, lourde et sombre, nappant les petits oignons glacés et les champignons de Paris, parfumée avec toutes les plantes aromatiques séchées disponibles en cette saison, et avec le sang au milieu qui lui donnait cette force incomparable de la chair de gibier. Rien à voir avec les animaux élevés en batterie.

Le « Rabastens » était pour lui une découverte intéressante, boisé et fruité, robe sombre et tannique, un vin costaud comme il s'y attendait. Il n'osa pas le terminer parce qu'il devait retourner récupérer ses résultats de labo, et le confia à la serveuse pour le repas du soir. Il zappa le dessert et le célèbre café de la veuve Houlès, se contenta du rire de la serveuse comme réconfort pour l'après-midi, et repartit vers la gendarmerie.

Phalippou était remonté comme une pendule. Il brandit sous ses yeux un paquet de fax qui étaient tombés pendant le repas. Galinier dut le calmer pour qu'il ne hurle pas les résultats dans le couloir de la geôle. Il s'enferma dans le bureau avec lui et examina tout ça en essayant de le calmer et de se calmer.

Au bout de cinq minutes, il se rendit à l'évidence : il allait devoir relâcher les cinq colocataires qui n'avaient laissé que des traces de chaussures ou des empreintes digitales sur les poignées de portes. Pas de traces ADN pour eux.

Par contre, pour les frères Bousquet c'était carton plein : du sang partout, de Wilhelm et de Roger, sur le sol du salon, devant la cheminée, sur le canapé, sur les poignées de porte, sur la margelle du puits, sur les vêtements qu'il avait soigneusement pliés dans son armoire... « Les pauvres, se dit Galinier, ils sont cuits. »

Il entrait dans le moment de l'enquête qu'il redoutait le plus : celui où il allait voir s'effondrer un homme, en larmes, assommé par ce qu'il avait fait, et qui ne s'en rendait vraiment compte qu'au moment où il devait l'énoncer avec des mots. L'horreur. Et encore : la peine de mort avait été abolie en France, ce n'était plus comme avant, quand son père témoignait aux Assises et où il ne pouvait s'empêcher, en regardant en face l'accusé, d'imaginer la lame tomber sur sa nuque.

Il se résolut à demander aux gendarmes d'interroger à nouveau André et Roger Bousquet : il assisterait discrètement à l'entretien.

André continua à nier : il était parti de La Glevade cette nuit-là en laissant Kuntz endormi sur son canapé. Les gendarmes n'en tirèrent rien de plus. Les empreintes et les traces ADN d'après lui c'était du pipeau, des mensonges pour leur faire avouer un truc qu'ils n'avaient pas fait. Il avait vu tout ça souvent à la télé, et on ne la lui ferait pas.

Roger s'effondra tout de suite : il s'était blessé à la main en frappant avec le tisonnier et on avait retrouvé son sang sur les vêtements de Kuntz, surtout sous les bras, là où il l'avait saisi pour le transporter, son frère le tenant par les pieds. Phalippou lui balança ce fait « prouvé scientifiquement » comme s'il assénait un coup de massue sur le crâne d'un boeuf à l'abattoir.

Alors l'horreur commença. Secoué de larmes, Roger se mit à raconter cette longue nuit, dans tous ses détails. Les gendarmes sidérés en oubliaient de lui poser des questions. Le secrétaire notait de temps en temps, mais restait de longues minutes figé à le regarder/écouter parler.

Pendant toute la semaine qui avait suivi la visite des hommes en Mercedes, André s'était torturé la tête en se disant que si ce tissu était si exceptionnel et avait une telle valeur, alors ils pourraient peut-être voler son secret au vieux pour le revendre ensuite, ou pour le moins lui prendre le magot qu'il avait dû amasser quelque part dans la maison, avec toutes ces toiles spéciales qu'il vendait. Il en parlait à son frère tous les jours au moment des repas, et lui disait qu'ils avaient une fortune à portée de la main : bien mieux que les deux cent mille que leur avaient proposés les autres. S'ils avaient proposé ça, juste pour voler la toile, c'est que ça valait beaucoup plus bien sûr, beaucoup, beaucoup plus.

C'est comme ça qu'ils décidèrent d'extorquer au vieux, si besoin par la torture, son secret de fabrication ou au moins la cachette de son magot.

Dès leur arrivée à La Glevade, ils lui avaient attaché les mains et les pieds et avaient commencé à lui passer des bûches ardentes sous la plante des pieds comme on faisait autrefois. Il ne lâcha rien, ni sur l'un ni sur l'autre. Pendant deux heures ils lui firent ingurgiter la bouteille de gnôle. A la fin il leur dit qu'au point où il en était, il n'en avait rien à foutre de mourir. « Plutôt crever que d'enrichir deux ploucs ».

Roger, pendant ce temps, avait récupéré à la cave la toile qui devait partir le lendemain, mais il voulait plus, lui aussi, et ça lui semblait tellement facile. La recette ou le magot, ou les deux.

Ce dernier mot de « ploucs », qu'il entendit en remontant de la cave, déclencha sa rage. Il saisit un tisonnier qui traînait à portée de sa main et lui explosa le crâne. Sur le coup il ne se rendit même pas compte qu'il s'était blessé à la main droite et qu'il saignait. Après quoi les deux frères le portèrent au fond du jardin et le balancèrent dans le vieux puits désaffecté.

Galinier qui assistait de loin aux interrogatoires était presque déçu de la facilité avec laquelle Roger avait craqué, presque la même que celle avec laquelle il avait torturé avec son frère, puis tué, tout seul. On se serait cru dans une affaire d'un temps ancien, à la fin du XVIII° ou au début du XX° siècle, à l'époque des « chauffeurs », ces bandes de brigands qui terrorisaient les campagnes.

La première partie de l'affaire était résolue, et il en était presque triste, tant ces deux pauvres vieux garçons perdus au fond du Tarn lui faisaient pitié : ils avaient besoin d'argent parce que les banquiers les avaient ruinés. Qui était le vrai responsable ? Les ploucs, les banquiers ou les gars à la Mercedes qui leur avaient donné l'idée ? Il garda cette question politiquement incorrecte pour lui. Impossible à énoncer par un Officier de Police Judiciaire devant un prétoire.

Il lui restait le second pan de l'histoire à éclaircir : les occupants de la voiture, la guerre autour du tissu inventé par Kuntz, les toiles qui partaient de chez lui pour Caracas, Bogota ou Buenos Aires, les toiles qui revenaient vers Paris, les galeristes en Amérique et à Paris, la nature de la deuxième couche que l'acheteur ajoutait à la toile, pourquoi la toile devait-elle revenir vers Paris ? Tout ceci commençait à se mettre en place dans sa tête.

Il se souvint d'une phrase de Kuntz que Fabre avait entendue en état d'ébriété avancée : « L'acheteur peut placer sur l'autre face le produit de son choix : ils ne se mélangeront pas » … et donc on pourra les séparer à l'arrivée ?

Il mit cette phrase en regard de celle qu'avait prononcée Armengaud : « Des habits imprégnés de cocaïne. »

Et il conclut : « Une toile peinte de cocaïne sur le verso. »

L'évidence s'imposa à lui. Il lui restait à transmettre son rapport à la brigade des stups et à l'international : il avait à présent assez d'éléments pour étayer cette hypothèse folle. Un trafic de cocaïne entre l'Amérique latine et la France, qui faisait transiter la drogue en la traitant chimiquement pour qu'elle perde son odeur et soit indétectable par les chiens, et constitue juste une deuxième couche de peinture blanche ajoutée au revers d'un tableau, le tout simplement roulé, enveloppé, étiqueté « toiles ignifugées », et passant à l'aéroport accompagné par une galeriste française.

Kuntz fournissait le tissu spécial fabriqué dans le Tarn par Armengaud, qui n'était au courant de rien, et peignait au recto la première couche. La galeriste accompagnait la toile jusqu'à Caracas, Bogota ou Buenos Aires. Les trafiquants ajoutaient au verso la deuxième couche, la laissaient sécher. La galeriste ramenait à Paris ce qu'elle croyait être une deuxième toile. Il restait aux chimistes parisiens à extraire la cocaïne du verso de la toile.

Les stups allaient sûrement se régaler avec cette nouvelle technique que les trafiquants, jamais à court d'inventions, étaient allé dégoter dans un petit village du Tarn.

Pour lui c'était pratiquement terminé. Il avait élucidé le meurtre.

Les Parisiens des stups allaient maintenant se débrouiller avec la filière des galeristes et avec leurs rivaux qui étaient venus jusque dans le Tarn pour leur piquer leur technique. Là c'était du gros poisson avec sûrement des nuées d'avocats qui feraient traîner les choses. Ça ne l'intéressait plus.

Il regrettait presque que ça se finisse aussi vite. Il commençait à prendre goût à la cuisine de l'Hôtel du Balcon.

Chapitre 7 : Procès / Automne

Le procès eut lieu un an après, en septembre. Cette année-là l'automne fut particulièrement doux, avec un soleil chaud et feutré qui ne se décidait pas à laisser sa place à l'hiver et qui offrait aux rouges et aux jaunes des feuilles des hêtres et des chênes une lumière presque artificielle de photographe. A côté de ces vedettes de cartes postales, les tons banalement « marron-Tarn » des feuilles des châtaigniers avaient bien du mal à se faire une petite place.

Le verdict fut sans surprise : Roger Bousquet condamné à quinze ans fermes pour meurtre, actes de torture et de barbarie, malgré son état mental qui, selon les dires d'un expert-psychiatre de Bordeaux, fut jugé « limite certes, mais n'abolissant néanmoins pas sa responsabilité au moment des faits. » André Bousquet condamné à dix ans pour complicité de meurtre, actes de torture et de barbarie. Kevin Mauffroy à trois ans pour trafic de stupéfiants. Ses colocataires, Pablo Lopez, Tatiana Lvovsky et Ines Mitrano, à dix mois pour complicité de trafic de stupéfiants.

Rebecca Gautrand fut acquittée parce que, bien qu'ayant l'intention de faire, elle ignorait ce qu'elle s'apprêtait à faire, et que, de toute façon, elle n'avait rien fait.

Les avocats du gang à la Mercedes avaient réussi à dissocier l'achat de la toile du meurtre de Kuntz et à délocaliser de ce fait le second procès à Paris.

Chapitre 8 : Ramade / Neige

Bernadette Ramade se fit déposer devant la porte de la maison rouge. Elle était venue de Castres en bus, puis le taxi de Béziat l'avait montée jusqu'à Etche Gorri en fin d'après-midi.

Elle avait tenu à venir, plus d'un an après les faits, un mois après la fin du procès. Elle avait appelé Gilabert et lui avait dit : « Rassurez-vous, ce n'est pas pour une consultation : je sais que vous ne prenez plus de patients. C'est juste pour vous rencontrer et vous remercier, parce que je suis la grand-mère de Rebecca Gautrand. »

Les dix centimètres de neige tombés la nuit précédente n'avaient été déblayés que sur la route principale Castres-Lacaune, la D 622, et le chasse-neige avait repoussé des talus d'un demi-mètre sur chaque bord. Chaque maison avait déblayé à la pelle un couloir de cinquante centimètres devant sa porte. La route de La Raviège, la D 62, elle, avait été oubliée pour l'instant, comme toutes les routes secondaires, mais avec les chaînes ça pouvait encore passer.

Les sapins qui bordaient la route croulaient sous la couche de poudre qui les avait saisis cette nuit-là. Le soleil qui s'était réveillé en fin de matinée transperçait leurs silhouettes gigantesques qui se dessinaient sur le ciel, coniques et comme recopiées sur un cahier de dessins de Noël pour enfants. Il faisait étinceler sur les branches des cristaux de lumière pure qui transperçaient le regard comme des miroirs espiègles s'amusant à faire de l'oeil aux voyageurs. Béziat râlait parce que, malgré les chaînes, son vieux carrosse patinait et zigzaguait entre les talus de neige. Il parvint malgré tout à monter jusqu'à « Etche Gorri ». C'était une maison étrange qu'il n'aimait pas, surtout en hiver : il fallait être un peu fadorle, comme son constructeur, pour vivre là-dedans. Enfin, ça, il ne le dit pas à sa cliente, parce qu'elle semblait bien connaître le nouveau propriétaire.

Gilabert surveillait depuis sa fenêtre et vint tout de suite à la rencontre de Bernadette. Leurs regards se croisèrent furtivement sur le pas de la porte puis revinrent l'un vers l'autre avec plus d'audace et d'insistance dès qu'ils furent dans le hall d'entrée. Ses yeux à elle n'avaient pas changé, noirs, profonds, accrocheurs, avec toujours ces longs cils noirs qui clignotaient dès qu'elle le fixait avec insistance. Sa frange de cheveux noirs était toujours là, au-dessus de ses yeux, juste parsemée de quelques cheveux blancs qu'il ne connaissait pas et qu'elle n'essayait pas de cacher.

Il l'aida à se défaire de son manteau en laine grise, de sa toque en fourrure noire, de son écharpe écossaise et de ses gants de cuir. Il la fit asseoir sur le canapé du salon face à la cheminée qui carburait à plein régime. Elle croisa ses jambes gainées d'un fuseau noir de tissu ciré, plongeant dans des bottes de peau de mouton retournée. Après avoir examiné Gilabert de haut en bas avec un petit sourire amusé, elle jeta un regard autour d'elle, toujours avec le même petit sourire, lui fit des compliments sur sa maison, et lui dit qu'elle se sentait bien ici et chaleureusement accueillie. Il lui proposa du thé et le lui fit choisir en lui présentant son échantillon de boîtes. Elle opta pour un thé noir « Qimen Mao Feng » de chez Cha Yuan. Il lui dit « Bonne pioche : 4 minutes à 85° ». Ils étaient déjà en confiance et nature, comme s'ils s'étaient vus la semaine passée et non pas pour la dernière fois à la fête du Collège en 1963.

Elle se décida à énoncer la raison officielle de sa visite : « pour vous remercier d'abord d'avoir accueilli et aidé Rebecca, et ensuite pour votre témoignage lors du procès, qui a été décisif pour son acquittement. »

Il accepta ces remerciements, tout en lui avouant que, très vite, il n'avait pas considéré Rebecca comme une jeune fille inconnue un peu perdue, mais comme la petite-fille de cette Bernadette dont elle lui avait parlé et qu'il avait reconnue tout de suite.

Elle rit immédiatement et en profita pour le tutoyer dans la foulée :

« Il est pourtant bien loin le temps où je te faisais du pied au catéchisme sous la table du curé ! »

Ils partirent tous deux dans un grand éclat de rire et comprirent tout de suite que le temps n'est rien, et que l'émotion de la jeunesse était encore là.

« Je n'avais rien préparé mais je t'invite à dîner : persillée de cèpes et magret au miel, pommes sarladaises, ça te va ? »

Ils passèrent à la cuisine et continuèrent à rire de tout en se remémorant les années Collège, tout en brossant les cèpes, en pelant les patates, en tailladant la graisse des magrets et en hachant l'ail rose de Lautrec et le persil ciselé. Il déboucha une bouteille de Gaillac rouge de « Canto Perlic » qu'ils goûtèrent tout de suite avant même de la laisser chambrer, tout en secouant les poêlées de cèpes et de patates et en préparant la sauce au miel.

Pendant le repas leurs yeux ne se quittèrent pas et ne cessèrent de briller. Le feu crépitait. Ils avaient avancé la petite table juste devant la cheminée. Ils n'avaient même pas besoin de bougies : les flammes les éclairaient suffisamment et projetaient sur les murs leurs ombres démultipliées et mobiles comme des copies d'eux-mêmes qui cherchaient à se joindre.

Très vite elle avait eu trop chaud et avait enlevé son col roulé pour apparaître en débardeur de soie noire. Les fines bretelles soutenaient à peine un décolleté audacieux et se contentaient d'indiquer le chemin descendant vers le creux de ses seins. Ses épaules rondes et bronzées brillaient dans la lueur des flammes, comme un défi cuivré à l'hiver qui les encerclait. Il l'avait imitée à sa manière, avait fait tomber son gros pull grenat, et n'avait gardé que son tee-shirt « Trinity College ». Il lui dit : « On dirait deux vieux étudiants qui se retrouvent dans un chalet au ski pour une soirée fondue ! ». La chaleur et le Gaillac avaient mis progressivement son cerveau en fonctionnement alpha. Il suivait d'un oeil distrait les plis de la soie noire qui venaient caresser ses seins à chaque mouvement qu'elle faisait pour porter sa fourchette ou son verre à sa bouche.

Leurs vieux corps n'étaient plus les mêmes, ils s'étaient enveloppés et alourdis. Leurs visages s'étaient métamorphosés, les traits s'étaient marqués et les poches sous les yeux les avaient plombés. Les formes, les rides, tout cet attirail apporté par les années en strates successives, avait fini par faire autour d'eux comme un lourd vêtement qui les engonçait, mais dont ils auraient tôt fait de se débarrasser. Restait le regard qui, lui, n'avait pas changé. L'intensité de cette flamme intérieure qui scrutait l'autre et venait l'interpeller dans sa vérité, dans ce centre seul authentique qui perdure, rejetant tout le reste dans la surface accessoire et insignifiante des relations que l'on dit sociales.

Ils s'étaient retrouvés, inchangés, et avaient tout de suite compris que la rencontre de 1959 les avait définitivement modifiés et avait créé entre eux cette proximité évidente qui ne demandait qu'à se réactiver. Ils s'étaient connectés cette année-là et ils resteraient définitivement connectés quoi qu'il arrive. Ils touchaient du doigt ce que tout le monde prend pour une illusion : le temps aboli.

A la fin du repas il lui dit :

« Tu ne vas pas repartir à Castres maintenant, avec toute cette neige. Je te garde ici au moins pour ce soir, le temps que la neige fonde.

— Au moins pour ce soir , d'accord, lui dit-elle en soufflant une dernière bouffée de fumée dans sa direction, laissons à la neige le temps de fondre. Tu sais, Jordi, personne ne m'attend là-bas. Je suis comme en vacances ici, libre de tout. Et puis j'aime bien l'idée de dormir dans ta maison rouge ce soir. En plus je vais te confier un secret : à mon âge je n'ai jamais dormi sur un matelas posé par terre devant une cheminée. Tu le crois ça ? Alors que j'ai toujours rêvé de le faire ! Ça te dirait à toi ?

— Bien sûr que je suis partant. Sauf que la lueur et la chaleur du feu de bois me maintiennent en éveil et me rendent insomniaque. Alors je risque de ne pas dormir dc toute la nuit. Je préfère te prévenir…»

Chapitre 9 : Gilabert / Bourgeons

Ce matin-là Gilabert ouvrit ses volets avec une certaine inquiétude, mais il poussa un soupir de soulagement dès qu'il reçut en plein visage la première bouffée d'air frais : le printemps était bien là ! Les arbres l'annonçaient depuis plusieurs jours, mais les arbres, des fois, ça fait des paris risqués, ça met des fleurs précoces partout et puis crac, une bonne gelée de fin mars leur tombe dessus et crame tout. Alors il se méfiait un peu des prédictions météorologiques des arbres. L'air, par contre, ne se trompait jamais. Après l'équinoxe il changeait de texture, prenait une certaine légèreté mêlée à une densité particulière, et surtout se mettait à transporter des odeurs nouvelles, inconnues en hiver, des odeurs descendues de la montagne et se glissant dans les gorges de la rivière, des odeurs venues de loin, remontant de la mer et de l'Hérault, passant par les cols de l'Espinouse et de la Montagne Noire en suivant l'Agoût, puis obliquant vers les Monts de Lacaune : odeurs de fleurs, de poivre, de piment, de pollens nouveaux et de rosée fraîche, comme si la Méditerranée avait réussi à forcer le passage pour venir réveiller les montagnards de leur longue hibernation en leur apportant un peu de la vraie vie : la chaleur et les senteurs. Ce fleuve d'air neuf repoussait l'hiver sur son passage, comme un chasse-neige, et ouvrait la route au printemps. Ce matin-là il avait fait irruption par la fenêtre dès qu'il avait ouvert les volets. Le printemps était au rendez-vous.

Il descendit faire manger la chatte et boire rapidement son café, puis il sauta sur l'aspirateur et le lança à l'assaut du carrelage de la cuisine et du salon. Grand nettoyage. La chatte, terrorisée, courut se réfugier au deuxième étage parmi les livres. Elle savait que là-haut elle courait moins de risques : il ne montait jamais sa machine infernale au sommet de la maison.

Quand il eut fini, il prit chapeau, blouson, canne et panier d'osier, et s'élança joyeusement sur la route de La Raviège, en scrutant tous les fossés humides ainsi que les talus en bord de route. Il était parti à la cueillette des respounchous, ce que certains citadins appellent des asperges sauvages mais qui n'en sont pas du tout : c'est du tamier, une plante beaucoup plus amère, une liane en fait, dont il faut faire bouillir les têtes avant d'en faire des salades ou des omelettes. Les Tarnais et les Aveyronnais sont fans de cette plante sauvage qui arrive avec le printemps.

Les grands hêtres qui bordaient la route avaient déjà leur coiffure vert pâle, après avoir démarré dans le jaune. Les châtaigniers tentaient de les imiter. Tous exhibaient une chevelure exubérante et des couleurs insolites. Et tous semblaient emplis d'une pulsion de vie qui se réveillait après avoir somnolé depuis octobre. Il avait l'impression d'entendre la sève monter et pousser son chuintement puissant vers la tête des arbres avec une obstination aveugle. Le printemps l'avait toujours fasciné : comment de simples plantes peuvent-elles produire une telle force de régénération, régulièrement, une fois l'an, et simultanément ? Et pourquoi lui-même était-il si sensible à cet événement, et se sentait-il tout de suite au diapason ?

Il quitta bientôt la route et s'engagea dans un sentier qui descendait en cascade à droite vers la rivière, comme un lit de torrent asséché. Les fossés qui le bordaient devenaient peu à peu plus humides, et, en approchant de l'Agoût, il commença à voir apparaître les têtes vertes, longues et pointues, qui faisaient ployer les longues tiges. Ne pas manger les tiges qui s'enroulent n'importe où, même autour des ronces : on lui avait dit qu'elles sont très amères et toxiques. Il n'en était pas sûr, mais si les vieux le disaient... Ne garder que les têtes qui ressemblent en effet aux têtes d'asperges. En une demi-heure il emplit son panier. C'était vraiment le début de la saison, et personne n'était encore passé par là avant lui. Et puis les respounchous ça n'était pas comme les cèpes, ça n'attirait pas des hordes de pillards venus des départements limitrophes.

Sur le chemin du retour il arracha quelques jonquilles sauvages avec leurs bulbes, pour les repiquer devant sa maison : ça n'était pas écologiquement correct, mais ça ferait une belle bordure jaune à côté du banc en teck.

La chatte était redescendue de son refuge et s'étonna qu'il se mette à faire la cuisine aussi tôt. Il sortit du frigo la mâche et la feuille de chêne, les lava, coupa les têtes des respounchous, les fit blanchir dans une grande casserole d'eau bouillante, puis se mit à battre les oeufs dans un saladier avec une fourchette. Il monta deux blancs en neige pour intégrer cette mousse au dernier moment à l'omelette avant la cuisson, et la rendre plus souple et moelleuse.

Quand tous les ingrédients furent prêts, il les laissa reposer sur la table, recouverts d'un torchon : il ferait la vinaigrette et l'omelette au dernier moment, pour que tout soit bien frais.

Il s'installa au soleil sur la terrasse, avec un vrai apéritif de printemps (Pastis, olives et chorizo), le premier de l'année, et exceptionnellement, posa son ordinateur sur la table en teck : il ne le faisait d'habitude que quand il voulait rester près de la porte d'entrée et qu'il attendait quelqu'un, mais là le soleil était trop tentant.

Il ouvrit son fichier et commença à relire ce qu'il avait sauvegardé la veille. Il ne fut pas emballé, se mit à changer des mots, à inverser des expressions, à couper des phrases et à les recoller plus loin. Bref le tableau classique d'un texte écrit en ayant d'autres préoccupations en tête : il n'y était pas, hier, quand il le tapait. Mais aujourd'hui le soleil était trop présent pour qu'il le reprenne au clavier tout de suite.

Il se sentait brusquement tellement bien, qu'il n'avait envie que de lever sa tête vers le soleil, et de fermer les yeux en se laissant pénétrer par ces rayons de chaleur et de vie enfin de retour. Comblé. Les feuillages au-dessus de sa tête faisaient un filtre mouvant à toute cette lumière qui lui parvenait comme un cadeau, et projetaient sur son visage des figures étranges semblables à des vols de papillons qui viendraient le frôler juste pour jouer.

Il prêta attention aux sons qui lui parvenaient de la vallée : ils étaient comme neufs eux aussi. Le bruit de fond de la rivière avait changé. L'Agoût n'avait plus cette tonalité menaçante des mois d'hiver, inquiétante et annonciatrice de crues dévastatrices. Elle n'avait pas encore ce souffle calme, apaisé et somnolent des mois d'été. Elle semblait dans une dynamique joyeuse et optimiste, apportant de bonnes nouvelles des monts de l'Espinouse qui l'avaient vue naître, toute contente de les faire descendre vers le fleuve qui l'attendait en aval, à Saint-Sulpice-la-Pointe : le Tarn.

Les odeurs elles aussi avaient changé. Comme si le petit plus de chaleur leur avait fait franchir un seuil à partir duquel elles pouvaient se répandre dans l'air. Fortes et surprenantes, elles auraient presque fait dire de manière injuste que l'hiver n'a pas d'odeurs, et que seule la chaleur peut les déclencher et les faire exister.

Interrompant pour un temps cette rêverie, il se leva et partit en direction de la cuisine.

Il mit salade et respounchous dans un grand saladier, versa la vinaigrette, mélangea.

Il fit revenir oignon, ail et patates dans la poêle avec les dernières têtes des respounchous, versa les oeufs battus mêlés aux blancs en neige par dessus, et arrêta le gaz assez vite pour que l'omelette reste épaisse et baveuse. Il ouvrit une bouteille de Gaillac « Canto Perlic » et s'installa sur la terrasse.

Avant de commencer à manger, il promena son regard sur les versants qui l'entouraient de leurs couleurs fraîches et neuves, du jaune vif au vert tendre. Le soleil nouveau les réchauffait et une légère vapeur se dégageait de la chevelure de feuilles. L'air était traversé par les cris des oiseaux qui traçaient dans le ciel leurs courbes, ponctuées de brusques changements de direction.

La brèche qui s'était ouverte il y a presque deux ans dans le ciel au-dessus de la vallée, avec cette horreur arrivée à La Glevade, venait de se refermer : la nature l'ignorait, superbement, reprenait le dessus, et avançait, saison après saison, sereine et imperturbable. Deux maisons s'étaient fermées et éteintes, Les Planquettes et La Glevade, abandonnées par leurs occupants, et déjà envahies de ronces, au bord de la route d'Anglès. C'est une route qu'il évitait soigneusement maintenant ; déjà autrefois, il ne l'aimait pas beaucoup. Il restait fidèle à sa route de La Raviège, pour sa vue imprenable sur les gorges de l'Agoût, et pour ses coins à châtaignes, à cèpes et à respounchous.

Depuis cette histoire, il ne voyait plus le village de la même manière. Les gens s'étaient révélés sous des jours qu'il n'aurait pas soupçonnés. Il remontait vite dans son refuge comme pour échapper à un air vicié qui rôdait en bas, près de la rivière villageoise. Il préférait sa rivière à lui, montagnarde et presque torrentielle, celle des gorges.

Le seul qu'il revoyait avec plaisir c'était Lucien Armengaud. Il avait eu droit à une protection policière pendant toute la durée de l'instruction et des deux procès. Il avait refusé ensuite qu'on installe des caméras de surveillance autour de son usine. Il avait juste accepté une alarme sur sa porte et ses fenêtres, reliée à la gendarmerie. Et il continuait à faire tourner ses machines et à tisser de nouvelles étoffes aux motifs improbables.

Gilabert était heureux qu'un homme comme ça, un résistant, existe encore, ici.

TABLE

www.ingramcontent.com/pod-product-compliance
Lightning Source LLC
Chambersburg PA
CBHW060804050426
42449CB00008B/1538